残疾人体育分级

（第二版）

中国残奥委员会
中国聋人体育协会　审

中国残疾人体育运动管理中心　编

華夏出版社
HUAXIA PUBLISHING HOUSE

图书在版编目（CIP）数据
残疾人体育分级 / 中国残疾人体育运动管理中心编著. -- 2版. -- 北京 : 华夏出版社有限公司, 2025.
ISBN 978-7-5222-0792-6
Ⅰ. G812.49-65
中国国家版本馆CIP数据核字第2024244YN8号

残疾人体育分级（第二版）

编　　者　中国残疾人体育运动管理中心
责任编辑　陈志姣

出版发行　华夏出版社有限公司
经　　销　新华书店
印　　刷　三河市少明印务有限公司
装　　订　三河市少明印务有限公司
版　　次　2025 年 1 月北京第 2 版
　　　　　2025 年 1 月北京第 1 次印刷
开　　本　720 × 1030　　1/16
印　　张　15
字　　数　215 千字
定　　价　49.80 元

华夏出版社有限公司　地址: 北京市东直门外香河园北里 4 号　邮编: 100028
网址: www.hxph.com.cn　电话: (010)64663331(转)

《残疾人体育分级》（第二版）编委会名单

主　编： 常　征　董学模

副主编： 勇志军　宋　强

编　委：（按姓氏笔划排序）

万　里　卫宏图　文　安　马金忠　王玉明　叶志敏

李　霖　刘佳琦　陈国治　杨　炯　赵金亮　徐青华

审　核：（按姓氏笔划排序）

丁伯坦　马历涛　宋　宇　李培红　张　颖　杨永兰

周倩芸　陶　珊　常肖雯

前言

2019年，中国残疾人体育运动管理中心组织全国有丰富经验的分级员编写了《残疾人体育分级》一书，它紧跟国际残疾人体育及分级工作的发展，对我国残疾人体育运动的健康发展起到了很好的保障和促进作用。残疾人竞技体育分级是残疾人体育运动的重要组成部分，也是有别于健全人竞技体育的重要内容之一。为了保障残疾人竞技体育公平、公正及健康地发展，国际残疾人奥林匹克委员会(IPC)对这项工作非常重视。国际残奥委员会于2015年批准了重新修订的分级条例及五项有关分级的国际标准，该条例和标准成为国际各残疾人体育组织制定分级规则及标准以及各国和地区实行残疾竞技体育分级的基本规范。它得到国际相关残疾人体育组织和残奥委员会各成员国及地区的残疾人体育组织的认可，并于2017年1月1日生效。近年来，国际残奥委员会又对其进行修订，发布了2024年版IPC《分级条例》，国际残疾人单项体育组织据此对以往的分级规则及标准进行了认真修订，并将修订版陆续发布，且在相应的国际残疾人体育赛事中予以应用。

本书保留了原书的分级基础知识、分级管理、在我国开展的残疾人竞技体育项目简介及分级政策和标准，涉及夏季残奥会项目和冬季残奥会项目，涵盖了肢体残疾、视力残疾、智力残疾和听力残疾的分级规则等相关内容。

本书主要研究整理了近五年来国际残奥组织对其制定的分级规则进行修订的内容，并在此基础上对第一版的《残疾人体育分级》的相关内容进行了修订和补充，主要修订内容包含以下几点：1. 根据2024年版IPC《分级条例》对第二章“分级管理”的部分内容进行了修改；2. 在第四章“残疾人田径分级规则”中增加了“田径助行器竞速分级规则”；3. 对

第八章“残疾人自行车分级规则”进行了修订；4. 对第十五章“残疾人跆拳道分级规则”进行了修订；5. 将第十六章“残疾人轮椅篮球分级规则”变更为第十七章，并对其内容进行了修订和补充等；6. 将第十八章“残疾人轮椅网球分级规则”变更为第十九章，并对其内容进行了修订。除此之外，还增加了在我国新开展的两个项目的分级内容和知识，即第十六章“残疾人铁人三项分级规则”和第二十五章“残疾人沙滩排球分级规则”。最后，对其他有关的章节内容也进行了核查。

这些内容适用于残疾人竞技体育的分级学习班培训教学和学习应用，也适用于残疾人工作者、残疾人体育管理人员、康复工作人员、科研工作者、教练员、运动员等学习应用。

我国残疾人体育组织及管理部门对残疾人竞技体育的分级工作高度重视，适时紧跟国际残疾人体育组织分级条例及标准的变化，对其修订内容及时研究、跟进并予以发布，同时应用在国内残疾人体育竞赛中。此外还及时组织各种培训班对分级员和残疾人体育工作者及残疾人运动员等人员进行培训，并派分级员参加国际赛事的分级及考察，及时了解最新动态，培养了一批国际分级员并使其参加国际残疾人体育赛事分级工作。

随着残疾人体育运动及分级不断发展，新的变化将会出现，中国残疾人体育运动管理中心会随时跟进，并会将最新信息在中国残联体育网和中国残疾人体育运动管理中心官网上及时发布。

本书如有不妥之处，请批评指正。

中国残奥委员会分级委员会主任

丁伯坦

2024.9

目录

> 第一章

分级基础知识

第一节
分级基本概念

一、我国残疾人分类分级标准

根据中华人民共和国国家标准［《残疾人残疾分类和分级》(GB/T 26341-2010］，残疾人分为视力残疾、听力残疾、肢体残疾、智力残疾、精神残疾及多重残疾类别。

二、残疾人体育分级的定义、目的

残疾人体育分级是在残疾人竞技体育中，在符合国际残奥委员会（IPC）认可的合格损伤类别的前提下，判断参赛者是否达到所参赛项目的最低损伤标准（Minimum Impairment Criteria，MIC），如合格，将根据损伤对其活动受限的影响程度将参加残疾人奥林匹克运动项目的参赛者，分配至由重到轻、程度不同的级别体系中的过程。

分级的目的是使运动员尽可能公平、公正、安全地比赛。分级不公平公正会严重威胁残奥运动，会损害运动员的权益，会损害残疾人参与竞赛的积极性。

三、分级的任务和内容

（一）分级任务

运动员分级由分级员组成的分级小组完成。一般来讲，不同规格的竞赛所需分级员不同，国际比赛分级任务由单项国际协会认证的分级员完成。分级过程一般须完成三项内容评估：

1.确定参赛者的损伤是否符合该运动项目要求。

IPC 认可的 7 种损伤类别为：协调性障碍（包括肌张力增高、手足徐动、共济失调）、肌力降低、关节活动度下降、肢体缺失或双下肢不等长、身材矮小、视力残疾和智力残疾。

2.确定参赛者的损伤是否达到该运动项目的最低损伤标准（MIC）。

参加该运动项目的运动员除须符合损伤类别，还必须达到 MIC 要求。

如运动员未达到某一运动项目的 MIC，则应将其记录为该运动员该项目运动级别不合格（NE）。

3.确定运动员级别和级别状态。

（二）分级内容

1.赛前分级评估

在竞赛组委会提供的分级区域内，分级小组须依据运动项目的国际分级规则，对运动员进行评估，并提供一个该运动员在该项目中的特定级别和级别状态。

（1）级别

级别指各运动项目在其分级规则中所列出的根据参赛者损伤类别和程度设置的组别。一般情况下每个级别都会有一个相应代码，如田径项目中的 F11、T54，游泳项目中的 S6、SM7，乒乓球项目中的 TT7 等。

（2）级别状态

分级小组在为运动员确定级别时，还需要给予其一个级别状态，以显示该运动员是否还需要在将来继续完成分级评估。

一般情况下具体的级别状态是：

确定（C）：分级小组经评估认定运动员的损伤符合级别描述，无须接受后续的评估。

复核（R–NAO）：意味着运动员的级别由于多种原因还需要在下一次比赛时进行评估。

确定时间后的复核（R–FRD）：运动员需要在指定的一段时间后、在第一次参赛之前再次进行分级评估复核。

过期（E）：因为运动员退役，其已获级别过期。

必要时，分级小组告知运动员和辅助人员在指定的时间和场地内完成赛场观察。分级员同时填写分级卡，并给予运动员一个特定的级别。运动员以此级别参加竞赛，完成首次出场。

2.赛场观察

赛场观察必须在运动员首次出场时进行。首次出场是运动员以一个特定级别参加第一次比赛的过程。首次出场适用于运动员以同一级别参加所有的项目。

如果分级小组需要完成一个运动员的赛场观察，要在赛前分级评估过程结束后给予该运动员一个级别使其完成首次出场。对于集体项目，运动员的首次出场必须在竞赛的第一轮完成。如果需要完成赛场观察的运动员在非淘汰轮次未进行首次出场，则该运动员不得在淘汰赛中上场比赛。

在赛场观察后如果需要更改运动员的级别或级别状态，则应立即进行有效执行。

第二节
分级程序

一、肢体残疾分级程序

肢体残疾分级程序通常包括医学检查、相关运动功能能力的测试和赛场观察三个部分。医学检查和相关运动功能能力的测试应在赛前分级阶段完成，并应给出运动员的级别状态和跟踪代码。如有必要，不同项目的分级程序略有不同。田径和游泳项目的肢体残疾分级程序具有代表性，简介如下：

（一）田径项目肢体残疾分级程序简介

田径肢体残疾分级由肢体残疾分级小组完成。一般来说，田径分级小组应由一名医学分级员和一名技术分级员组成。医学分级员一般为康复科、骨科、外科医师或物理治疗师，负责检查运动员身体功能受限情况，并协助技术分级员完成技术观察和赛场观察。技术分级员为熟悉残疾人田径运动的体育专业人员，负责评估运动员身体损伤对其运动功能的影响程度，并协助医学分级员记录医学检查结果。

基本程序如下：

1. 让运动员填写知情同意书，核对其基本信息，如姓名、性别、出生日期、代表单位等。

2. 对运动员进行访谈，了解其训练及参赛情况、疾病史和治疗史。

3. 医学检查，由医学分级员根据《世界残奥田径分级指南》中指定的评估方法，根据运动员损伤类别的不同，分别检查运动员的肢体长度、肌力、关节活动度、肌张力、协调性、躯干功能等。

4. T/F31-38级运动员需进行手功能、躯干功能、下肢功能的新技术测试。

5. 技术观察

技术观察发生在医学检查结束后，目的是评估运动员在运动中的功能受限情况，确认运动员是否在医学检查中完全表现其真实能力，验证医学检查给出的分级结果是否准确。并不是所有运动员都需要进行技术观察。有些运动员的损伤情况不会随训练而发生改变，如肢体缺失、双下肢不等长和身材矮小，损伤类别、严重程度完全符合分级规则规定的运动员，分级小组确定在医学检查中完全表现其真实能力的可直接给出参赛级别。在技术观察时，运动员需要佩戴所有正式比赛时要用到的装备和器材，在比赛场地模拟正式比赛，并达到一定的运动成绩。分级小组通过观察运动员准备比赛、运动热身的情况及多次的竞赛表现来评估运动员的运动功能，并给出其运动级别和级别状态。如因运动员的原因未能完成技术观察，运动员级别为CNC（分级未完成），不能参加本次比赛。

6. 赛场观察

在技术观察结束后，如分级小组尚不能确定运动员级别是否符合分级规则的规定，则给运动员一个级别跟踪代码 OA（赛场观察），并在运动员比赛时对其进行赛场观察。在运动员于该项目首次出场后，给出运动员的最终级别和级别状态，这时运动员的级别状态可能是 C，也可能是 R-NAO 或 R-FRD。如运动员未能参加报名的赛事，则其级别变为 CNC（分级未完成），下次参赛时该运动员须重新参加分级。

（二）游泳项目肢体残疾分级程序简介

游泳肢体残疾分级由肢体残疾分级小组完成。游泳分级小组应由一名医学分级员和一名技术分级员组成。医学分级员一般为康复科、骨科、外科医师或物理治疗师，负责完成医学检查，并记录技术观察结果。技术分级员为熟悉残疾人游泳运动的体育专业人员，负责评估运动员身体损伤对其运动功能的影响程度，并协助医学分级员记录医学检查结果。

基本程序如下：

1. 让运动员填写知情同意书，核对其基本信息，如姓名、性别、出生日期、代表单位等。

2. 对运动员进行访谈，了解其训练及参赛情况、疾病史和治疗史。

3. 医学检查，由医学分级员根据《世界残奥游泳分级指南》中指定的评估方法，根据运动员损伤类别的不同，分别检查运动员的肢体长度、肌力、关节活动度、肌张力、协调性、躯干功能等。

4. 技术观察

所有肢体残疾游泳运动员在完成医学检查后必须接受技术观察，由技术分级员主导完成水中测试，内容包括出发方式、俯卧漂浮、仰卧漂浮、漂浮翻身、自由泳 50 米中速、转身、自由泳 50 米快速、自由泳 50 米划臂、自由泳 50 米下肢打水、仰泳 50 米中速、转身、仰泳 50 米快速、仰泳 50 米划臂、仰泳 50 米打腿、蛙泳 50 米中速、转身、蛙泳 50 米快速、蛙泳 50 米蹬蛙泳腿、25~50 米蝶泳、踩水 15~20 秒。

在技术观察阶段，因运动员的原因未能完成技术观察，如未能完成漂浮、不能按照要求完成四种泳姿等，运动员级别为 CNC，不能参加本次比赛。

5. 赛场观察

在技术观察结束后，如分级小组尚不能确定运动员级别是否符合分级规则的规定，则给运动员一个级别跟踪代码 OA，并在运动员比赛时对其进行赛场观察。在运动员于该项目首次出场后，给出运动员的最终级别和级别状态，这时运动员的级别状态可能是 C，也可能是 R-NAO 或 R-FRD。如运动员未能参加报名的赛事，则其级别变为 CNC，下次参赛时该运动员须重新参加分级。

（三）我国国内组织肢体残疾运动员分级与国际分级程序相同。

二、视力残疾分级程序

（一）国际赛事视力残疾分级程序

所有项目的视力残疾运动员分级由国际盲人体育联合会（IBSA）组织和管理。视力分级员一般为具有资质的眼科医师和验光师。目前视力残疾系统仍为医学分级系统，仅有医学检查，不设赛场观察。

医学检查基本程序如下：

1. 让运动员填写知情同意书，核对其基本信息，如运动员姓名、性别、年龄、参赛项目等。

2. 通过眼部检查、裂隙灯检查和眼底检查对运动员的视力和视野进行检查，并给出级别。

（二）我国国内组织视力残疾运动员分级与国际分级程序相同。

三、听力残疾分级程序

（一）国际赛事听力残疾分级程序

听力残疾国际赛事的分级由国际聋人体育协会（ICSD）管理和执行。参加 ICSD 授权举办的比赛，如聋奥会、世界聋人锦标赛、区级锦标赛等，各国残奥委员会或聋人体育协会须按照要求为本国运动员完成听力测试表，并提交给 ICSD。

分级基本程序如下：

1. 赛前阶段

（1）联系ICSD分级秘书，查询运动员在数据库里的状态。如在数据库中查询不到，则需要为该运动员准备听力测试表，并在赛前三个月前提交。如未能在赛前三个月前提交，将被罚款40美元；如未能在赛前一个月前提交，将被罚款100美元。运动员未在开赛前提交听力测试表的，将不能参赛。

（2）ICSD收到运动员听力测试表后，会将其存入数据库，并给出“N”（国家级）的状态，代表该运动员在本国完成了听力测试。听力测试表信息未填全的，会被标注为“INC”，代表未完成提交。如在开赛前三个月内未补齐材料，根据提交时限会被分别罚款40美元或100美元。

（3）ICSD的听力专家会根据运动员提交的听力测试表，将运动员分为“批准”和“临界”两类。听力损失在55db~65db的临界运动员会被标注为“X”，其他批准运动员的状态会由“N”变为“C”，表示经过了听力专家的确认。

（4）运动员听力损失未达到55db的，将被标注为“DQ”，代表未达到听力损伤标准，该运动员在两年内不得再次向ICSD提交听力测试表。

2. 最终报名

运动员提交听力测试表后，可获得注册号。无注册号以及状态显示为“INC”和“DQ”的运动员不能参加比赛。

3. 比赛阶段

（1）在聋奥会、世界聋人锦标赛、区级锦标赛比赛期间，ICSD委派1~2名听力专家为运动员进行听力测试，标注为“X”或“N”的运动员在参加国际赛事时，将由ICSD的听力专家为其重新测试听力。

（2）经ICSD听力专家测试过的运动员，被标注为“V”。

（二）国内赛事听力残疾分级程序

国内赛事听力残疾分级程序与国际赛事不同的是，由中国残奥委员会委派听力分级员在比赛开始前的分级阶段，对所有首次参加比赛的运动员进行听力测试。运动员需要携带相关的医学材料如听力测试报告、诊断证明等参加分级。

四、智力残疾分级程序

智力残疾项目于2012年重返残奥会，开展田径、游泳、乒乓球三个大项的竞赛。我国于2014年开始在全国残疾人锦标赛和全国残疾人运动会的田径、游泳、乒乓球项目中设置智力残疾组。

智力残疾分级程序详见“智力残疾分级规则”一章。

第三节 分级方法

一、参加残疾人体育竞赛合格的损伤类别

表1-1 合格的损伤类别

损伤类别	导致损伤的原因
协调性损伤	脑瘫、创伤性脑损伤、中风和多发性硬化症
肌力损伤	脊髓损伤（完全或不完全，四肢瘫或截瘫）、肌营养不良、脊髓灰质炎和脊柱裂
被动关节活动度损伤	慢性关节疾病或创伤致关节弯曲和挛缩，导致被动关节活动度损伤
肢体缺失/双下肢不等长	创伤性截肢、因疾病导致的截肢（如骨肿瘤），或先天性肢体短小或缺失；肢体发育异常和先天性或外伤性肢体发育障碍，导致下肢不等长
身材矮小	软骨发育不全、生长激素分泌障碍及成骨不全
视力残疾	创伤或先天及后天疾病导致的视力及视野损伤
智力残疾	先天及后天疾病导致的智力损伤
听力残疾	先天及后天疾病导致的听力损伤

二、不合格的损伤类别

（一）疼痛

（二）听力障碍

（三）低肌肉张力

（四）关节过度活动

（五）关节不稳定，如关节习惯性脱位

（六）运动反射功能受损

（七）肌肉耐力受损

（八）心血管或呼吸功能受损

（九）新陈代谢功能受损

（十）习惯性抽搐、矫揉造作、刻板行为（持续无意义动作）和多动症

（十一）前庭功能障碍

（十二）导致疲劳的肌肉代谢障碍

（十三）由心理或身心原因引起的功能障碍

三、各种损伤类别的基本检查方法

（一）视力检查：主要检查视力、视野和眼底

（二）听力检查：主要检查听力损失程度

（三）智力检查：主要测验一个人的智商和行为适应能力

（四）肢体残疾损伤的检查方法

1.肌力损伤的检查方法

一般采用徒手肌力检查（MMT），检查标准如下：

0 级：完全瘫痪。

1 级：有肌肉收缩，无肢体关节运动产生动作。

2 级：肢体能在床面移动，不能对抗肢体重力而抬起。

3 级：肢体可抬离床面，对抗肢体重力，不能对抗阻力。

4 级：能对抗部分外界阻力，但未达到正常。

5 级：正常肌力。

表1-2　常用的各关节的肌力检测

关节	肌力检测
肩关节	前屈、后伸、外展、水平屈曲、水平外展、内旋、外旋
肘关节	屈、伸
前臂	内旋、外旋
腕关节	屈、伸
掌指间关节	屈、伸
拇指掌指关节	屈、伸、对掌
髋关节	屈、伸、内收、外展
膝关节	屈、伸
踝关节	屈、伸、内收、外展

2.被动关节活动度的检查

关节活动度分为主动关节活动度（ROM）和被动关节活动度（PROM）。主动关节活动度指关节由肌肉主动收缩而产生的关节活动度。被动关节活动度指无随意的肌肉收缩，仅由外力如治疗师的帮助而产生的关节活动度。

肢体残疾分级时均检查被动关节活动度。

3.肌张力增高的检查方法

一般采用改良的 Ashworth 评分，检查标准如下：

表1-3　改良的Ashworth评分

0级	无肌张力增加
Ⅰ级	肌张力轻度增加：受累部分被动屈伸时，在ROM之末呈现最小阻力或出现突然卡住和释放
Ⅰ+级	肌张力轻度增加：在ROM后50%范围内出现突然卡住，然后在后50%ROM均呈现最小阻力
Ⅱ级	肌张力较明显地增加：通过ROM的大部分时，肌张力较明显地增加，但受累部分仍能较容易地被移动
Ⅲ级	肌张力严重增加：被动活动困难
Ⅳ级	肌张力高度增加：患侧肢体僵硬，阻力很大，被动活动十分困难

肌张力增高的上运动神经元损伤常伴有以下特征：

深反射亢进：肱二头肌反射、肱三头肌反射、桡骨膜反射、膝反射、踝反射；

阵挛：髌阵挛、踝阵挛；

病理反射：巴宾斯基（Babinski）征及其等位征和霍夫曼征。

4. 共济失调的检查方法

在观察运动员的日常活动，如吃饭、穿衣、系扣、取物、书写、讲话、站立及步态等的基础上，进行以下检查：

（1）指鼻试验；

（2）指指试验；

（3）快速轮替试验；

（4）反跳试验；

（5）跟–膝–胫试验；

（6）无撑坐起试验；

（7）闭目难立（Romberg）征。

5. 手足徐动的检查方法

注意观察运动员是否有不自主的异常动作，如震颤（静止性、动作性、姿势性）、舞蹈样动作、手足徐动、肌束颤动、颤搐、肌阵挛等，以及出现的部位、范围、程度、规律，及与情绪、动作、寒冷、饮酒等的关系，并注意询问其家族史和遗传史。

6. 肢体缺失

肢体缺失指某些部位先天性肢体缺失、肢体因外伤直接造成离断、因肢体严重损伤导致组织失活、神经血管严重受损或损伤造成严重并发症如坏死、感染后截肢。通常测量方法如下：

（1）上肢长度的测量

上肢长：坐位或立位，上肢在体侧自然下垂，肘关节伸展，前臂旋后，腕关节中立位。测量从肩峰端到桡骨茎突或中指指尖的距离。

上臂长：体位同上，测量从肩峰端到肱骨外上髁的距离。

前臂长：体位同上，测量从肱骨外上髁到桡骨茎突或尺骨鹰嘴到尺骨茎突的距离。

（2）下肢长度的测量

下肢长：仰卧位，骨盆水平放置，下肢伸展，置髋关节于中立位。测量从髂前上棘到内踝下棘的最短距离。

大腿长：体位同上，测量从股骨大转子到膝关节外侧关节间隙的距离。

小腿长：体位同上，测量从膝关节外侧间隙到外踝的距离。

足长：置踝关节于中立位，测量从足跟末端到拇趾末端的距离。

（3）残肢断端的长度

上臂残端长度：测量从肩峰到残肢骨性末端的距离。

前臂残端长度：测量从肱骨外上髁沿尺骨到残肢骨性末端的距离。

大腿残端长度：测量从股骨大转子到残肢骨性末端的距离。

小腿残端长度：测量从膝关节外侧关节间隙到残肢骨性末端的距离。

7. 双下肢不等长

仰卧体位，身体对称，下肢完全伸展、放松，测量从髂前上棘到内踝下棘的距离。各个项目要求不尽相同，例如残疾人冰球项目会测量从脐到内踝的距离。

8. 身材矮小

身材矮小的测量包括身高和臂长的测量。

身高的测量：身高是指头顶至足底的最大距离。

（1）仪器放置平稳后，被测者赤足，足跟并拢，足尖分开成60度角，以立正姿势背靠立柱站在身高计的地板上。

（2）上肢自然下垂，躯干自然挺直，足跟、骶骨部及两肩胛间与立柱保持接触。头部摆正，但不必紧靠立柱。

（3）两眼平视前方，保持耳屏上缘与眼眶下缘处于同一水平线。

（4）测量者站在被测者侧方，用手将水平压板轻轻下滑，直至接触被测者头顶为止。

（5）测量者平视水平压板读数。重复测量一次后记录，单位为cm。

臂长的测量：

平卧，找到肩峰，然后臂外展90度，肘、腕、指尽可能伸展，前臂手掌向下，拇指指向天花板，上肢尽可能与检查床相贴，测量肩峰到中指指尖的长度。（有效上肢长度即最短距离，不考虑肘关节是否挛缩。）

注意事项：

（1）强调测量的科学性、可靠性、有效性、客观性；

（2）测量仪器、测量方法应统一化和标准化；

（3）测量前应校正仪器，每测量100人应重新校正一次；

（4）测量前应说明测试内容和测试意义；

（5）测量时，男生只穿短裤，女生穿背心和短裤；

（6）肢体必须在相同的姿势下测量，常是以健侧仿效患肢的姿势；

（7）两侧肢体的长度应作对比；

（8）采用恒定的骨性标志点；

（9）部分项目根据项目运动特点须进行躯干功能测试。

> 第二章

分级管理

第一节
国际分级管理

一、残疾人体育国际组织的发展历史

残疾人体育的发展必然需要有一个强大的组织负责协调和管理工作。1960 年，成立了残疾人体育的国际工作组研究残疾人体育运动。该组织在 1964 年成立了名为国际残疾人体育联合会（ISOD）的国际体育组织。在国际残疾人体育基金会的积极支持下，1989 年，国际残疾人体育协调委员会与其他 5 个国际残疾人体育组织共同创建了一个崭新的、民主的组织机构——国际残奥委员会（IPC）。

IPC 是一家掌管全球残奥运动的国际组织，成员包括 183 个国家残奥委员会（NPCs）、13 个国际体育单项组织（IFs）、3 个国际残疾人体育协会（IOSDs）和 5 个地区性的协会。IPC 设有运动技术部、运动科学与医学部、财务与营销委员会、运动员委员会、发展委员会、法律委员会和地区委员会。现任主席是安德鲁·帕森斯。运动科学与医学部负责医疗、反兴奋剂及分级等工作。分级委员会是隶属于国际残奥委会医疗委员会的常设机构，负责与残奥运动分级相关的事务。

二、残疾人体育国际组织的分级管理模式

目前，由国际残奥委员会（IPC）直接管理的项目有田径、举重、射击、游泳夏季四个大项及冬季项目；国际盲人体育联合会（IBSA）直接管理 5 人制足球、盲人门球、盲人柔道，以及所有项目中的盲人类分项；国际展能体育联合会（World Ability sport）管理轮椅击剑、轮椅舞蹈等项目；另外，硬地滚球、坐式排球、轮椅篮球等项目由各自的世界残疾人单项

联合会管理；而射箭、自行车、马术、赛艇、乒乓球、轮椅网球项目则由健全人体育的各国际单项联合会组织直管。

各单项组织负责本项目分级技术和运动员信息管理，在 IPC《分级条例》的框架下分别制定本项目分级规则，开展本项目残疾人体育竞赛的分级工作，培训本项目分级员。

（一）IPC《分级条例》的提出背景和发展过程

由于国际单项残疾人体育协会分别制定本项目分级规则，执行不同的分级管理政策和规定，导致项目之间分级规则的制定、执行和分级流程的管理都存在较大差异。2003 年，IPC 在系统分析了各项目分级系统和规则的基础上，认为需要制定适用于所有体育项目的分级管理框架，统一分级程序、相关政策和分级原则，协调残奥会各个项目的分级，于是在 2007 年公布了 IPC《分级条例》（2007 年版），并要求所有会员国签署同意在该条例的框架下开展分级工作。

为适应残奥运动和分级的发展，IPC 理事会编写组从 2013 年开始启动新的分级条例编写工作，于 2015 年 11 月将其提交给 IPC 理事会并获得通过，从 2017 年 1 月 1 日起开始执行。

2015 年修订的《运动员分级条例》包括 5 个国际标准、1 个分级规则模板和 1 个最佳实践模型。5 个国际标准分别为：《合格的损伤类别》，定义了残奥运动中符合哪些损伤类别的运动员是合格的；《运动员评估》，规定了运动员级别和级别状态的判定程序；《申诉和抗议》，规定了申诉和抗议的相关分级管理；《分级人员和培训》，规定了分级员的招募、培训和认证；《分级数据保护》，确保各协会合理应用运动员的分级数据。分级规则模板则为各项目在用语、内容和形式方面制定分级规则提供了模板，各项目依据此模板制定本项目分级规则。

为确保残奥运动的标准化和协调性，在 2007 年版和 2015 年版分级条例的基础上，IPC 历经 4 年，于 2024 年 5 月通过了新版《分级条例》。考虑到部分标准均与分级程序息息相关，为便于理解和操作，新版《分级条例》将《合格的损伤类别国际标准》《运动员评估国际标准》《抗议和申诉国际标准》等 3 个标准的内容合并到《分级条例》的正文中，保留《分级人员和培训国际标准》《分级数据保护国际标准》2 个独立的国际标准，并新增《蓄意不配合国际标准》。

（二）赛事分级管理

赛事分级管理是有效组织并利用各个要素——人（包括运动员、分级员、工作人员、志愿者等）、财（资金）、物（仪器设备、辅助工具等）、信息（分级技术及方法、与报名业务口及竞赛业务口的信息传达及衔接、发布）、场地等，借助管理手段，系统研究并在时效内完成分级的过程。它包括赛前分级管理、赛时分级管理及赛后分级管理，旨在通过合理的组织和配置，形成更为公平、健全的竞赛环境。

1. 赛前分级管理

（1）分级医学材料的提交

在《分级条例》的要求下，各单项体育协会均要求运动员遵守相关残疾人体育协会组织的要求，提供充分的医学材料等相关文件，如未能遵守相关要求或提供的资料不全，分级小组有权终止分级，并取消运动员分级资格。

（2）分级日程安排

各国 NPC 应该掌握正确的分级评估信息，按照分级日程在指定时间和地点参加分级。

（3）分级场地及仪器设备

分级场地根据分级阶段分为赛前分级场地和赛时分级场地，赛前分级场地主要用于赛前分级阶段的分级工作，赛时分级场地用于赛时分级阶段。赛前分级场地一般包括等候区、分级室和结果公示区，等候区主要用于运动员等候分级。

分级仪器设备主要分为通用物资和专业器材。通用物资包括技术（电脑、打印机、传真机）、物流（洗手液、消毒液、纸巾）、家具家电（办公桌、折叠椅、电源）等保障设备。项目不同，所需的专业器材也不同，视力残疾分级一般要求准备电脑验光仪、裂隙灯、检眼镜、镜片箱及各种视力表，肢体残疾分级除提供检查床、叩诊锤、量角器等医疗设备外，还须根据不同的项目提供相应的技术观察所需的体育设备，如田径项目分级需提供全套的投掷设备及计时和测量设备。

2. 赛时分级管理

（1）知情同意书

运动员在参加分级前必须签署知情同意书，知情同意书告知运动员分级的基本程序和要求，以及对分级结果提出申诉的权利。一般包括以下内容：

① 运动员须确保以健康安全的状态参加分级评估。

② 运动员在分级过程中须展现出与项目相关的动作并真实表现，且与赛场表现一致。

③ 运动员须遵守分级工作小组提出的要求，提供充分的医学材料等相关信息文件。

④ 运动员理解分级评估是公平公正的，同意并接受分级工作小组的决议和分级结果。若对“不合格”（NE）以外的分级结果有异议，可以按照申诉流程和规定进行申诉。

⑤ 运动员理解分级小组可对分级评估过程进行录像，并可对比赛表现和场外活动进行录像。

（2）公示分级结果

分级结果的公示一般分为三个阶段，分别为赛前分级结果公示、赛场观察分级结果公示和分级信息汇总表（master list）分级结果公示。赛前分级结果一般在每日分级结束后公示，赛场观察分级结果在运动员首次出场后公示，分级信息汇总表一般在比赛结束后半个月内在相关的国际单项体育组织网站公示。

（3）申诉（Protest）的处理

申诉指的是运动员如果对分级小组给出的分级结果不认同，可采取的抗议程序。分级结果指的是运动员的分级级别，运动员不能对级别状态提出申诉。申诉分为国家残奥委员会申诉（National Protest）和国际体育组织申诉（International Sport Federation Protest）。

国家残奥委员会申诉是指一国的残奥委员会可对本国运动员的分级级别提出申诉。对需进行赛场观察的运动员级别的申诉既可在运动员首次出场前提出，也可在运动员首次出场结束后提出。如在运动员首次出场前提出，则必须等申诉处理完后，运动员才可以参加比赛。

国际体育组织申诉仅能由国际体育组织提出。只要国际体育组织认为某运动员级别不正确，或有 NPC 向国际体育组织提出申请，国际体育组织认为有必要提出申诉，则可在比赛的任何阶段对运动员级别提出申诉。

（4）特殊情况的处理

① 运动员未能参加分级评估

运动员代表单位应确保运动员能按照分级日程安排参加分级评估。如运动员未能按时参加分级评估，错过分级机会，分级小组将交由主分级员处理。如运动员有合理的解释，在不影响比赛的情况下，主分级员将为运动员重新安排分级机会。如运动员无合理的解释或第二次错过分级时间，则运动员不能获得分级级别，不被允许参加比赛。

②“不合格”运动员

如果运动员的损伤类别不符合该项目的损伤类别，或者损伤情况未达到该项目最低损伤标准，运动员级别则为不合格（Not Eligible，NE）。在国际比赛中分为两种情况：

a. 赛前审核分级资料时发现运动员未患有可导致合格损伤类别的疾病，则该运动员级别为“NE”，级别状态确定为“C”，且不再在赛时分级时为其安排分级评估。

b. 赛时分级时发现运动员不具备所报项目要求的损伤类别，或运动员损伤类别符合所报项目但未达到该项目规定的最低损伤标准，则运动员级别为“NE”，级别状态为“R-NAO”，将安排另一分级小组重新为其进行评估。如运动员放弃第二次分级机会或第二个分级小组仍认为其不符合最低损伤标准，则运动员级别为“NE”，级别状态变为“C”，且该决定为最终决定，运动员所在 NPC 不得提出申诉。如第二个分级小组认为运动员符合该项目最低损伤标准，则运动员获得级别，级别状态为“R-NAO”。

③ 分级未完成（Classification Not Completed，CNC）

在分级的任何阶段，如果因为各种原因导致分级小组不能完成运动员的评估，给出运动员的级别，分级小组可以暂停分级评估，该运动员将被评为“CNC”，不能参加该项目的国际比赛。待完成分级评估并获得级别后，运动员才可参加国际比赛。

“CNC”不是一个运动级别，各国 NPC 不能对其提出申诉，但相关国际体育组织会将其记录在分级信息汇总表里。

④ 蓄意不配合（Intentional Misrepresentation，IM）

蓄意不配合是为了惩罚在分级的任何阶段，运动员或辅助人员帮助运动员刻意隐藏其实际能力或隐瞒其真实损伤情况的行为。相关人员可向 IPC 提出听证，被判定为“蓄意不配合”的运动员或辅助人员将面临以下一项或多项处罚：

a. 取消本次比赛的参赛资格；

b. 运动员级别判定为“NE”，期限为 1~4 年；

c. 运动员或辅助人员在 1~4 年内不得参加所有体育项目的比赛；

d. 公示其处罚情况。

⑤ 多重残疾的级别选择

多重残疾是指运动员符合两种或两种以上损伤类别，如视力损伤合并肢体损伤，肢体损伤合并智力损伤，并可能符合两个级别的参赛标准。运动员所在 NPC 须在分级的时候为其选择一种损伤类别参赛，并提交该损伤类别所需的医学诊断和相关支持材料，运动员参加该损伤类别的分级评估。多重残疾运动员获得分级级别后，如想更改级别，只能在本赛季结束、下一赛季开始前在规定的时间内向国际体育组织提交分级申请，并重新参加分级评估。

如一名肢体和智力多重残疾的乒乓球运动员，其损伤情况既符合肢体损伤最低残疾分级标准，也符合智力损伤分级标准，在首次参加分级时运动员选择参加智力组比赛，并通过该分级小组的分级评估，获得级别 TT11，级别状态为“R-NAO”。比赛结束后，运动员想参加肢体组比赛，更改参赛级别，则只能在本赛季结束、下一赛季开始前，由该运动员所在的 NPC 向 ITTF 提出分级申请，并为其提交医学材料，获批后运动员重新进行残疾分级评估。

⑥ 医学复核（Medical Review）

医学复核是指已获得“C”或还未到复核时间的“R-FRD”级别状态的运动员，因其身体损伤情况的改变，致使其运动功能与现有级别不符，可向国际体育组织申请医学复核。医学复核须由运动员所在的 NPC 在规定时间内向相关国际体育组织正式提出，填写医学复核申请表，说明运动员的损伤变化及运动能力与现有级别不符的情况，并缴纳规定的复核费用。国际体育组织收到申请后，由分级主管评估并决定是否接受申请，如接受申请，则运动员级别状态变为“R-NAO”，运动员可在下次国际比赛时重新参加分级。如申请中没有充足的理由和支持材料说明运动员损伤情况的变化，及说明其运动能力与现有级别不符，则不接受申请，运动员维持原级别和级别状态。

3.赛后分级管理

为了保证各 NPC 准确掌握本国运动员分级信息，IPC《分级条例》要求各单项国际残疾人体育组织在其网站公示运动员分级信息汇总表，表中包括运动员姓名、性别、出生日期、国籍等基本信息和级别、级别状态等级别信息，并在运动员分级信息变更后及时更新。

第二节 国内分级管理组织

一、国内残疾人体育管理组织

1983 年中国伤残人体育协会成立，1985 年中国弱智人体育协会成立，1986 年中国聋人体育协会成立，以上三大残疾人体育协会均属全国性残疾人体育组织，其常设机构设在原国家体委群体司群体处。1993 年中国残联设立宣文部体育处，标志着中国残疾人体育归中国残疾人联合会管理。2003 年中国残疾人奥林匹克运动管理中心成立。残奥中心的成立是中国残疾人体育发展的里程碑，标志着中国残疾人体育事业进入了一个新的发展时期。2006 年，为适应残疾人体育发展需要，中国残联设立体育部。中国残联体育部和中国残疾人体育运动管理中心共同负责研究、制定全国残疾人体育工作的政策法规和发展规划并监督实施；指导并开展残疾人群众性体育活动，协助配合有关部门和单位承办重大国际残疾人体育赛事；指导中国残联主办、主管的残疾人体育机构的业务工作等。中国残联体育部同时还是中国残奥委员会、中国特奥委员会、中国聋人体育协会的常设秘书处。

二、国内残疾人体育分级管理办法

我国残疾人体育分级工作由中国残奥委员会统一管理，包括分级员的培训、管理、考核晋级、赛事分级工作等，由中国残疾人体育运动管理中心负责具体实施。在举办全国性比赛和大型运动会时成立分级委员会，统筹分级员的委派，任命分级组长完成赛时分级工作。

为进一步规范残疾人体育赛事分级工作，提高我国分级工作流程化、系统化管理水平，在 IPC 分级工作规定的基础上，结合国内分级工作情况，中国残奥委员会制定了《全国残疾人体育赛事分级管理办法》，作为全国残疾人体育赛事分级管理工作的规范性文件，从赛前分级工作、分级程序、申诉的处理和违规处罚等四个方面对全国残疾人体育赛事分级工作进行规范管理。

>

第三章

残疾人射箭分级规则

第一节 残疾人射箭比赛概况

一、历史发展沿革

残疾人射箭是轮椅运动员最早组织比赛的一项运动，是残奥会不可分割的一部分。1948 年，英国的斯托克·曼德维尔医院举办了第一次针对身体有缺陷的患者进行的射箭比赛，参赛者以伤残退伍军人为主。随着多年来其他国家更多运动员的参与，这项运动成为残奥会的传统项目。当第一届残奥会于 1960 年在罗马举行时，射箭就是比赛项目之一，从那时起，残疾人射箭就从未缺席过残奥会的比赛。2009 年之前是由国际残奥委员会组织国际残疾人射箭比赛，之后管理机构移交世界射箭联合会（World Archery，WA）负责。世界射联与国际残奥委员会密切合作，在世界各大洲和国家层面推广残疾人射箭，包括残奥会之外的其他比赛，通过分级确定运动员参加何种类别的比赛。

残奥会射箭比赛主要包括复合弓和反曲弓中各个级别所对应的单项比赛，以及个人赛和混合团体赛。比赛项目反曲弓设 70 米靶，复合弓设 50 米靶，包括个人赛和混合团体赛。射箭比赛从排名赛中决出所有单项比赛的种子选手，然后进行单淘汰赛，所有奖牌将从个人淘汰赛和团体淘汰赛中决出。在每个单项比赛半决赛中落败的一方将进行最后的铜牌争夺赛。在排名赛中，每个运动员须射出 72 支箭，得分最高者被列为一号种子选手，得分第二者被列为二号种子选手，以此类推，直至决出所有种子选手。

二、分级概况

残疾人射箭分级规则由 WA 制定。截至 2022 年 4 月，WA 发布的最新分级规则共设置有六个级别，其中四个级别为 W1（轮椅-严重损伤）、W2（轮椅）、ST（站立）、NE（不合格）。其余两个级别按国际盲人体育协会（IBSA）分为 B1（视力残疾）、B2/B3 合并（视力残疾）。

残疾人射箭分级计分标准为：上肢满分 180 分（持弓上肢 95 分，拉弓上肢 85 分），躯干满分 40 分，下肢满分 100 分，总计 320 分。见下图。

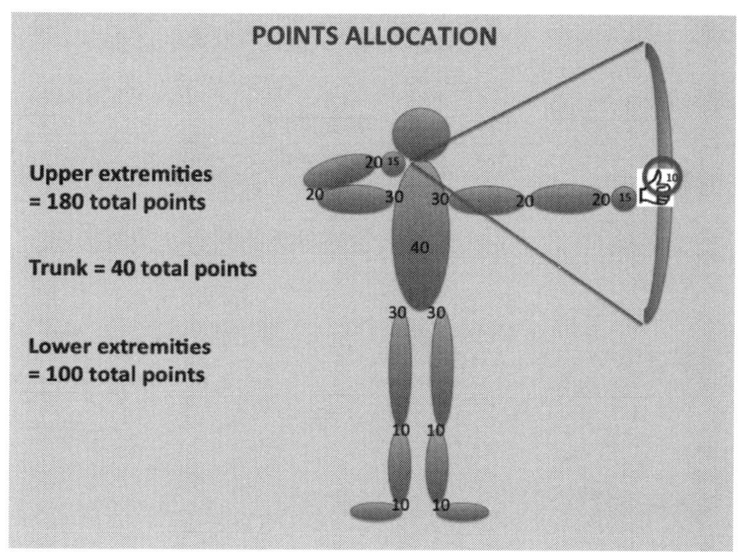

第二节
残疾人射箭分级规则

一、损伤类别

残疾人射箭运动员必须符合 IPC 所规定的肢体残疾损伤类别的其中

一种或视力残疾，损伤必须是永久性损伤，而且须有权威医疗机构的医师提供医疗诊断报告。损伤类别见表 3–1。

表3-1　残疾人射箭运动员损伤类别

损伤类别	导致损伤的原因
肌张力增高	脑瘫、创伤性脑损伤和中风
共济失调	脑瘫、创伤性脑损伤、中风和多发性硬化症
肌力损伤	脊髓损伤（完全或不完全，四肢瘫或截瘫）、肌营养不良、脊髓灰质炎和脊柱裂
被动关节活动度损伤	慢性关节疾病或创伤致关节弯曲和挛缩，导致被动关节活动度损伤
肢体缺失	创伤性截肢、因疾病导致的截肢（如骨肿瘤），或先天性肢体短小或缺失
视力残疾	先天及后天疾病导致的视力及视野损伤

二、最低损伤标准（MIC）

（一）参加射箭比赛的肢体残疾站姿最低损伤标准（须符合其中一项）如下：

1. 上肢肌力损伤大于 25 分或下肢肌力损伤大于 25 分；
2. 单侧腕关节以上截肢，无腕关节残留；
3. 单侧踝关节以上截肢，残肢小于等于 2/3，无踝关节残留。

（二）视力残疾最低损伤标准参见“视力残疾分级规则”一章。

三、各级别分级标准

（一）W1级

W1 级运动员至少三个肢体和躯干存在功能障碍，功能障碍至少减少 85 分，需要同时符合以下条件：

1. 下肢功能障碍至少减少 50 分；
2. 上肢功能障碍减少 25 分；

3. 躯干功能障碍减少 10 分；

注：所有 W1 级运动员都需要坐轮椅参加比赛。

（二）W2级

W2 级运动员一般为截瘫或类似残疾的运动员，双下肢功能障碍至少减少 50 分，上肢肌力、被动关节活动度、协调性正常或仅有轻微受限，脊髓损伤的运动员因损伤平面不同，躯干功能可有不同表现。双侧膝关节以上截肢的运动员可在此级别。

（三）ST级

ST 级的运动员，需要符合以下一个条件：

1. 双下肢功能障碍最低减少 25 分；

2. 双上肢功能障碍最低减少 25 分；

3. 单侧腕关节以上截肢，无腕关节残留；

4. 单侧踝关节以上截肢，残肢长度小于等于 2/3，无踝关节残留。

注：使用下肢和足射箭的运动员也在此级别。

（四）视力残疾分级（Visually Impaired，VI）

视力残疾射箭运动员按照 IBSA 的标准进行分级，主要分为两个级别：

1.VI 1 级：运动员需要戴眼罩；

2.VI 2/3 级（合并）：运动员不需要戴眼罩。

四、运动器材和辅助设备的使用规定

（一）轮椅

1. 双下肢功能障碍减少 50 分，可以使用轮椅。

2. 比赛中使用的标准轮椅可是手动或电动轮椅，但任何时候只允许有 3~4 个轮子接触地面，不允许使用摩托车、滑板车替代轮椅参赛。

3. 比赛过程中，须关闭电动轮椅并按规定停放。

4. 轮椅靠背高度不能超过腋下 11cm。W1 级运动员因为医学或者安全原因，可以在分级员的批准下使用高靠背。

5. 比赛过程中，运动员的脚或轮椅脚踏板均不能接触地面。为防止运动员在射箭时下肢因痉挛抽搐，可以由分级员批准使用绑带。

6. 比赛过程中，持弓手不能碰到轮椅。

（二）凳子

1. 双下肢功能障碍肌力减少 38 分，可以使用凳子或支架。

2. 凳子和运动员在起射线内，比赛规定的范围为 80cm × 60cm。

3. 双下肢功能障碍减少小于 38 分。出于安全考虑，可在分级员的批准下使用凳子或支架，但必须在分级卡上备注。

（三）身体使用辅具或绑带

1. 使用绑带必须出于医学和安全考虑，不能为提高成绩而使用绑带。

2.W1 级运动员经分级员批准，可以使用非硬性束腰和/或胸部绑带。

3.W2 级运动员如可能因坐位平衡差导致安全问题，可以在分级员的批准下使用胸部绑带（直径不能超过 5cm）或非硬性束腰，但两者不能同时使用，且位置不能超过轮椅靠背。

（四）助手

W1 级或 ST 级有严重上肢残疾的运动员，对比赛安全有影响，经分级员批准可安排一个助手。但在比赛过程中只能有助手和教练其中一人在场。

（五）其他

在医学报告上有相关疾病证明，上肢（手、腕关节、肘关节）有功能障碍需要绑带、夹板或者释放器的，下肢有功能障碍需要楔形板的，经分级员批准可以使用。

>

第四章

残疾人田径分级规则

第一节 残疾人田径比赛概况

一、历史发展沿革

田径项目被称为“运动之母”，起源于古希腊时期，具有悠久的历史。早在公元前 776 年第一届古代奥运会上就举办了田径比赛，当时跑道的长度是 192.27 米，是现代 200 米项目的前身。田径是现代奥运会最大的一个比赛项目。20 世纪中叶，现代体育运动在欧洲具有极高的社会认知度，正是这种社会基础孕育了残疾人体育运动项目。

第二次世界大战后，因战争造成了受伤人数的急剧增加，如何用有效的方法帮助伤员们减轻伤痛带来的困扰，摆脱消极的心理状态等问题，引起了政府及专业人员的热切关注。

残疾人田径运动项目第一次出现在 1960 年的罗马残奥会上，当时只有轮椅运动员参加。在 1976 年的加拿大多伦多残奥会上，截肢、全盲以及眼损伤的运动员首次参加了残奥会的田径项目比赛。1980 年的荷兰残奥会上，脑瘫运动员也被允许参加田径项目比赛。至今，残疾人田径运动已在全球 170 多个国家和地区开展，同时也是残奥会运动员参赛类别最多、级别设置最多的项目。

中国残疾人体育与西方国家相比，起步晚，基础薄弱。1984 年中国改革开放刚刚起步，与其他事业一样，体育事业也是百废待兴。这一年的 6 月，残疾人体育和健全人体育同样重回国际赛场，组团参加了当年的奥运会和残奥会。中国派出 24 名残疾人运动员参加了在美国纽约长岛举行的第七届国际夏季残奥会，两位盲人姑娘平亚丽、赵继红分别夺得女子 B2、B3 两个级别的跳远金牌。之后中国又在历届残奥会上取得了优异成绩。国内残疾人田径项目也逐渐发展起来，全国残疾人田径锦标赛也已成功举办多届。目前，多个省市成立了残疾人田径运动集训队，开展系统化和科学化的训练工作。在近年来的残疾人田径世界杯、世锦赛、残奥会中，中国残疾人田径比赛屡创佳绩，竞赛水平不断提高。

二、分级概况

世界残疾人田径委员会（WPA）统一规定，肢体残疾运动员参赛最低标准的限制主要从双上肢和下肢肌力损伤的程度、被动关节活动度损伤以及其他方面的运动功能障碍等因素考虑，这个标准适用于脊髓损伤、脑瘫、截肢和其他肢体残疾的运动员。

每个残疾类别的运动员因其功能障碍程度的差异又被分为不同的级别。符号 F 代表田赛，为投掷项目，包括铅球、铁饼和标枪；T 代表径赛，包括 100~400 米、400 米及以上赛跑项目、跳高、跳远和轮椅竞速。第 1 个数字代表损伤类别，第 2 个数字代表损伤运动功能受限程度的级别。

F/T11–13 为视力残疾组别；T/F20 为智力残疾组别；T/F31–38 为脑瘫类损伤组别，损伤类别包括肌张力增高、手足徐动和共济失调，其中 31–34 为轮椅组竞赛，35–38 为站立组；T/F40–41 为身材矮小组别；T42–T47 为跑跳项目站立组肢体缺失、肌力损伤或被动关节活动度受限类且不戴假肢者；F42–F46 为投掷项目站立组肢体缺失、肌力损伤或被动关节活动度受限类且不戴假肢者；T51–T54 为非脑瘫类损伤的轮椅竞赛者；F51–F57 为非脑瘫类损伤的投掷类项目运动员；T61–T64 为站立组肢体缺失佩戴假肢者；T71–T72 为助行器竞速组。

表4-1　残疾人田径级别设置

轮椅竞速项目	跑跳项目	投掷项目	助行器竞速	视力残疾	听力残疾	智力残疾
T31–T34 T51–T54	T35–T38 T40–T47 T61–T64	F31–F34 F51–F57 F35–F38 F40–F46 F61–F64	T71–T72	F11/T11（B1） F12/T12（B2） F13/T13（B3）	T/F60	T/F20

注：T/F60为国内残疾人竞赛代码。

第二节 残疾人田径分级规则

一、损伤类别

残疾人田径运动员必须符合 IPC 所规定的肢体残疾损伤类别的其中一种或视力残疾、智力残疾、听力残疾，而且损伤必须是永久性损伤。损伤类别见表 4–2。

表4-2 残疾人田径运动员损伤类别

损伤类别	导致损伤的原因
肌张力增高	脑瘫、创伤性脑损伤和中风
共济失调	脑瘫、创伤性脑损伤、中风和多发性硬化症
手足徐动	脑瘫、创伤性脑损伤和中风
肌力损伤	脊髓损伤（完全或不完全，四肢瘫或截瘫）、肌营养不良、脊髓灰质炎和脊柱裂
被动关节活动度损伤	慢性关节疾病或创伤致关节弯曲和挛缩，导致被动关节活动度损伤
肢体缺失	创伤性截肢、因疾病导致的截肢（如骨肿瘤），或先天性肢体短小或缺失
双下肢不等长	肢体发育异常和先天性或外伤性肢体发育障碍，导致下肢不等长
身材矮小	软骨发育不全、生长激素分泌障碍及成骨不全
视力残疾	创伤或先天及后天疾病导致的视力及视野损伤
智力残疾	先天及后天疾病导致的智力损伤
听力残疾	先天及后天疾病导致的听力损伤

二、最低损伤标准（MIC）

除助行器竞速外其他残疾人田径运动员最低损伤标准见表 4–3。

表4-3　除助行器竞速外其他残疾人田径运动员的最低损伤标准

损伤类别	最低损伤标准	
	投掷项目	跑跳项目
肌张力增高	有明确的肌张力增高表现：即在腕、肘、肩、踝、膝或髋肌张力1级。以下体征有助于判断肌张力增高是由中枢神经系统损伤所致： 肌张力增高一侧踝阵挛； 肌张力增高一侧肢体反射亢进； 肌张力增高一侧下肢肌肉萎缩； 肌张力增高一侧下肢巴宾斯基征阳性	有明确的肌张力增高表现：即在腕、肘、肩、踝、膝或髋肌张力1级。以下体征有助于判断肌张力增高是由中枢神经系统损伤所致： 肌张力增高一侧踝阵挛； 肌张力增高一侧肢体反射亢进； 肌张力增高一侧下肢肌肉萎缩； 肌张力增高一侧下肢巴宾斯基征阳性
共济失调	必须为运动或感觉神经系统功能障碍所致的共济失调	必须为运动或感觉神经系统功能障碍所致的共济失调
手足徐动	必须为由大脑运动控制中枢损伤导致的明显的手足徐动，且有以下表现之一： 上肢或手指的不自主运动； 下肢或足趾的不自主运动； 不能保持身体稳定； 肢体和躯干典型的手足徐动表现； 仅面部徐动运动不合格	必须为由大脑运动控制中枢损伤导致的明显的手足徐动，且有以下表现之一： 上肢或手指的不自主运动； 下肢或足趾的不自主运动； 不能保持身体稳定； 肢体和躯干典型的手足徐动表现； 仅面部徐动运动不合格
肢体缺失	1. 下肢损伤 前半足截肢或类似的先天性短缺、双足跖骨截肢 2. 上肢损伤 （1）双侧：至少4指完全截肢（含或不含拇指），或拇指及部分手掌截除，或类似先天性手指缺失	1. 下肢损伤 前半足截肢或类似的先天性短缺、双足跖骨截肢 2. 上肢损伤 （1）单侧腕及腕上截肢（无腕骨残留） （2）单侧畸形的上肢从肩峰至上肢最远端的长度小于等于健侧肱骨和桡骨长度之和

续表

损伤类别	最低损伤标准	
	投掷项目	跑跳项目
肢体缺失	（2）单侧：单侧腕及腕上截肢（无腕骨残留）；单侧上肢先天性短缺，从肩峰至残肢最远端的长度小于等于另一上肢肱骨加桡骨的长度	（3）双侧肢体发育异常：两上肢长度（测量由肩峰至上肢最远端）之和小于等于0.674乘以站立身高
被动关节活动度损伤	1.下肢损伤 （1）下肢被动关节活动度损伤至少符合下列情况中的一种： 髋关节屈曲至少减少60度； 髋关节后伸至少减少40度； 膝关节屈曲至少减少75度； 膝关节伸直最少差35度； 踝关节背屈、跖屈范围小于等于10度（背伸10度和跖屈25度内） （2）或至少符合下列情况中的两种： 髋关节屈曲至少减少45度，但少于60度； 髋关节后伸至少减少25度，但少于40度； 膝关节屈曲至少减少55度，但少于75度； 膝关节伸直最少差25度，但少于35度； 踝关节背屈、跖屈范围小于等于20度（背伸10度和跖屈25度内） 2.上肢损伤 被动关节活动度损伤至少符合下列情况中的一种： （1）肩关节外展小于等于60度（0~90度）； （2）肘关节伸直丧失大于70度或肘关节屈曲僵直大于80度。	1.下肢损伤 （1）下肢被动关节活动度损伤至少符合下列情况中的一种： 髋关节屈曲至少减少60度； 髋关节后伸至少减少40度； 膝关节屈曲至少减少75度； 膝关节伸直最少差35度； 踝关节背屈、跖屈范围小于等于10度（背伸10度和跖屈25度内） （2）或至少符合下列情况中的两种： 髋关节屈曲至少减少45度，但少于60度； 髋关节后伸至少减少25度，但少于40度； 膝关节屈曲至少减少55度，但少于75度； 膝关节伸直最少差25度，但少于35度； 踝关节背屈、跖屈范围小于等于20度（背伸10度和跖屈25度内） 2.上肢损伤 单侧上肢被动关节活动度损伤至少符合下列情况中的一种： （1）肩关节屈曲小于等于45度（0~90度）； （2）肘关节伸直至少差70度或僵直不小于80度。

续表

损伤类别	最低损伤标准	
	投掷项目	跑跳项目
肌力损伤	1.下肢损伤 （1）下肢肌力受损至少符合下列情况中的一种： 髋关节屈曲肌力小于3级； 髋关节后伸肌力小于3级； 髋关节外展肌力小于3级； 髋关节内收肌力为1级； 膝关节伸直肌力小于3级； 踝关节跖曲肌力小于3级； 踝关节背屈、内翻、外翻中至少有两项肌力小于3级 （2）或髋关节屈曲、后伸、外展，膝关节伸展，踝关节跖屈5种情况，肌力减少6分（必须有两项每项肌力减少2分） 2.上肢损伤 肌力损伤符合下列情况中的一种： （1）肩关节外展肌力小于等于2级 （2）肘关节屈曲和伸直肌力小于等于3级	1.下肢损伤 （1）下肢肌力受损至少符合下列情况中的一种： 髋关节屈曲肌力小于3级； 髋关节后伸肌力小于3级； 髋关节外展肌力小于3级； 髋关节内收肌力为1级； 膝关节屈曲肌力小于3级； 踝关节跖曲肌力小于3级； 踝关节背屈、内翻、外翻中至少有两项肌力小于3级 （2）或髋关节屈曲、后伸、外展，膝关节伸展，踝关节跖屈5种情况，肌力减少6分（必须有两项每项肌力减少2分） 2.上肢损伤 单侧上肢肌力损伤符合下列情况中的一种： （1）肘关节伸肌力小于3级 （2）腕关节屈曲和伸直肌力小于3级
双下肢不等长	双下肢长度至少相差7cm	双下肢长度至少相差7cm
身材矮小	男性：身高小于等于145cm、单臂长小于等于66cm、身高加单臂长小于等于200cm； 女性：身高小于等于137cm、单臂长小于等于63cm、身高加单臂长小于等于190cm	男性：身高小于等于145cm、单臂长小于等于66cm、身高加单臂长小于等于200cm； 女性：身高小于等于137cm、单臂长小于等于63cm、身高加单臂长小于等于190cm
视力残疾	参见视力残疾分级规则	同投掷项目
智力残疾	参见智力残疾分级规则	同投掷项目
听力残疾	参见听力残疾分级规则	同投掷项目

助行器竞速运动员最低损伤标准见表 4–4

表4-4　助行器竞速运动员的最低损伤标准

损伤类别	最低损伤标准
肌张力增高	至少有一组肌群痉挛大于等于3级； 痉挛评估总分大于等于10分
共济失调	站立测试大于等于1分； 步态测试大于等于2分； 跟膝胫测试大于等于1分； 总分大于等于7分
手足徐动	不随意运动的幅度和持续时间评分大于等于2分
肌张力增高 合并共济失调	痉挛总分大于等于7分； 跟膝胫测试大于等于1分； 步态测试大于等于2分； 共济失调评估，站姿测试大于等于1分
肌张力增高 合并手足徐动	痉挛总分大于等于7分； 运动障碍评估，下肢不自主运动持续时间和幅度评分大于等于2分

三、各级别分级标准

分级标准分为肢体残疾运动员分级标准、视力残疾运动员分级标准、智力残疾运动员分级标准、听力残疾运动员分级标准四大类。

（一）肢体残疾运动员分级标准

1.轮椅竞速项目

T31 级：中重度四肢瘫，痉挛 3~4 级，伴有或不伴有手足徐动。严重的手足徐动型四肢瘫，受累较轻一侧有部分功能和无肌痉挛。四肢和躯干功能性力量差。此级别运动员一般用脚来驱动轮椅。

T32 级：中重度四肢瘫，痉挛 3~4 级，伴有或不伴有手足徐动。严重的手足徐动型四肢瘫，受累较轻一侧有部分功能和无肌痉挛。四肢和躯干功能性力量差，但能用手臂驱动轮椅。能短距离行走，但不能跑。

T33 级：中度四肢瘫、三肢瘫或严重的偏瘫。中度四肢受累，或需用轮椅的严重偏瘫，受累较轻一侧有近乎完全的功能性肌力，下肢痉挛 3~4 级。能独立驱动轮椅。此级别运动员很少合并手足徐动。

T34 级：中重度累及的双肢瘫。上肢和躯干有良好的功能性力量，但表现出一些轻微的受限和控制问题。

T51 级：肩关节肌力损伤，特别是胸大肌。肘关节屈肘和腕关节背伸肌力可达 5 级，肘关节伸展肌力可达 0~3 级肌力，躯干一般无功能，手无抓握功能。功能障碍类似颈 5/6 完全性脊髓损伤。

T52 级：肩关节功能性肌力好，肘关节具有正常肌力，腕部肌力好，手内在肌肌力弱，手指屈伸肌力可从差到正常，躯干无功能。功能障碍类似颈 7/8 完全性脊髓损伤。

T53 级：上肢肌力正常，腹肌及下背部肌力丧失。功能障碍类似 T1–T7 完全性脊髓损伤。

T54 级：上肢肌力正常，躯干能部分至完全控制，下肢可有较好的肌力。功能障碍类似胸 8–骶 4 完全性脊髓损伤，必须符合下肢最低损伤标准。

2.跑跳项目

T35 级：中度累及的双肢瘫或三肢瘫。此级别运动员需要借助辅助器具行走，但站立时不需要。动态平衡差，重心改变会失去平衡。下肢 2~3 级痉挛，上肢轻中度累及。

T36 级：中度累及的肌张力障碍、手足徐动或共济失调。此级别运动员行走时不需要辅助器具。肌张力障碍或手足徐动是最主要的特征，但能步行的痉挛四肢瘫可分在这一级。运动时四肢都可能表现出功能性累及。T36 级运动员上肢控制问题重于 T35 级运动员，但是 T36 级运动员下肢功能优于 T35 级运动员，尤其表现在跑时。

T37 级：偏瘫。受累侧肢体痉挛 2~3 级。由于受累侧下肢痉挛明显，运动员表现出跛行，但不需要辅助器具。

T38 级：达到最低损伤标准的肌张力增高、手足徐动和共济失调。

（1）肌张力增高

有明确的肌张力增高表现，即在腕、肘、肩、踝、膝或髋肌张力 1 级。肌张力增高有三种类型：痉挛型肌张力增高、铅管样/齿轮样僵直、肌张力异常。若运动员无以上三种类型的肌张力增高，则不符合田径的分级最低标准。以下体征有助于判断肌张力增高是否是由中枢神经系统损伤所致：

肌张力增高一侧踝阵挛；

肌张力增高一侧肢体反射亢进；

肌张力增高一侧下肢肌肉萎缩；

肌张力增高一侧下肢巴宾斯基征阳性。

（2）共济失调

必须为运动或感觉神经系统功能障碍所致的共济失调。以下检查有助于判断：

指鼻试验、指指试验、趾指试验、跟–膝–胫试验、交叉步伐或步态异常。

（3）手足徐动

必须为由大脑运动控制中枢损伤导致的明显的手足徐动，且有以下表现之一：

上肢或手指的不自主运动；

下肢或足趾的不自主运动；

不能保持身体稳定；

肢体和躯干典型的手足徐动表现。

仅有面部徐动不合格。

T40 级：

男性：身高小于等于 130cm，单臂长小于等于 59cm，身高加单臂长小于等于 180cm；

女性：身高小于等于 125cm，单臂长小于等于 57cm，身高加单臂长小于等于 173cm。

T41 级：

男性：身高小于等于 145cm，单臂长小于等于 66cm，身高加单臂长小于等于 200cm；

女性：身高小于等于 137cm，单臂长小于等于 63cm，身高加单臂长小于等于 190cm。

T42–T44 级为下肢残疾运动员，比赛中下肢不佩戴假肢或使用辅具。

T42 级：单侧膝及膝上截肢，或类似功能障碍的下肢残疾。

T43 级：同 F43 级。双下肢均达到最低损伤标准。

T44 级：符合下肢最低损伤标准。

（1）前半足截肢或类似的先天性短缺、双足跖骨截肢；

（2）被动关节活动度损伤

①下肢被动关节活动度损伤至少符合下列情况中的一种：

· 髋关节屈曲至少减少 60 度；

· 髋关节后伸至少减少 40 度；

· 膝关节屈曲至少减少 75 度；

· 膝关节伸直最少差 35 度；

· 踝关节背屈、跖屈范围小于等于 10 度（背伸 10 度和跖屈 25 度内）。

②或至少符合下列情况中的两种：

· 髋关节屈曲至少减少 45 度，但少于 60 度；

· 髋关节后伸至少减少 25 度，但少于 40 度；

· 膝关节屈曲至少减少 55 度，但少于 75 度；

· 膝关节伸直最少差 25 度，但少于 35 度；

· 踝关节背屈、跖屈范围小于等于 20 度（背伸 10 度和跖屈 25 度内）。

（3）肌力损伤

①下肢肌力损伤至少符合下列情况中的一种：

· 髋关节屈曲肌力小于 3 级；

· 髋关节后伸肌力小于 3 级；

· 髋关节外展肌力小于 3 级；

· 髋关节内收肌力为 1 级；

· 膝关节伸直肌力小于 3 级；

· 踝关节跖曲肌力小于 3 级；

· 踝关节背屈、内翻、外翻中至少有两项肌力小于 3 级。

②或髋关节屈曲、后伸、外展，膝关节伸直，踝关节跖屈 5 种情况，肌力减少 6 分（必须有两项每项肌力减少 2 分）。

（4）双下肢长度至少相差7cm。

T45 级：双上肢残疾

（1）双侧肘关节及肘关节以上截肢；

（2）双侧肢体发育异常，两上肢长度小于等于正常肱骨长度（0.193 乘以站立身高）；

（3）双侧上肢被动关节活动度损伤符合下列情况中的一种：

①肩关节后伸范围小于等于 15 度（0~50 度）；

②肘关节屈曲至少减少 130 度或僵直在屈曲位 0~30 度。

（4）双侧上肢肌力受损符合下列情况中的一种：

①肩关节屈曲肌力小于 3 级；

②肩关节后伸肌力小于 3 级；

③肘关节屈曲肌力小于 3 级。

T46 级

（1）截肢和类似残疾

①单侧肘关节及肘关节以上截肢；

②双侧腕关节及腕关节以上截肢（无腕骨残留）；

③单侧畸形的上肢从肩峰至腕的长度小于等于健侧肱骨长度（手的长度不计算在内）；

④双侧肢体发育异常，两上肢长度（测量由肩峰至残肢最远端）之和小于等于 0.646 乘以站立身高。

（2）单侧上肢被动关节活动度损伤符合下列情况中的一种：

①肩关节后伸范围小于等于 15 度（0~50 度）；

②肘关节屈曲至少减少 130 度或僵直在屈曲位 0~30 度。

（3）单侧上肢肌力受损符合下列情况中的一种：

①肩关节屈曲肌力小于 3 级；

②肩关节后伸肌力小于 3 级；

③肘关节屈曲肌力小于 3 级。

T47 级：仅能参加跳和 100~400 米跑的残疾比赛。

（1）截肢

①单侧腕关节及腕关节以上截肢（无腕骨残留）；

②单侧畸形的上肢从肩峰至上肢最远端的长度小于等于健侧肱骨和桡骨长度之和；

③双侧肢体发育异常，两上肢长度（测量由肩峰至上肢最远端）之和小于等于 0.674 乘以站立身高。

（2）单侧上肢被动关节活动度损伤符合下列情况中的一种：

①肩关节屈曲范围小于等于 45 度（0~90 度）；

②肘关节伸直至少差 70 度或僵直大于等于 80 度。

（3）单侧上肢肌力损伤符合下列情况中的一种：

①肘关节伸肌力小于 3 级；

②腕关节屈、伸肌力小于 3 级。

T61–T64 级为下肢残疾运动员，比赛中必须佩戴下肢假肢。

T61 级

（1）双侧通过膝关节及膝关节以上截肢；

（2）一侧膝关节以上截肢，另一侧膝关节以下截肢，并符合T64级标准。

T62 级：双侧膝关节以下截肢，双侧下肢均符合 T64 级标准。

T63 级：单侧通过膝关节及膝关节以上截肢。

T64 级

（1）前半足截肢或类似的先天性短缺；

（2）双下肢长度至少相差 7cm。

3. 投掷项目

（1）坐姿投掷

F31 级：严重的四肢瘫。痉挛 3~4 级，伴有或不伴有手足徐动。四肢和躯干功能差，或伴有严重的手足徐动（伴或不伴痉挛），肌力和控制功能差。依靠电动轮椅或辅助器具移动。因为关节活动度、力量、控制能力受限，下肢基本无运动功能。运动员表现手抓握棒、铅球和铁饼的功能以及投掷动作均差。

F32 级：中重度四肢瘫。痉挛 3~4 级，伴有或不伴有手足徐动。严重的手足徐动四肢瘫，一侧功能稍好（无痉挛）。躯干及四肢肌力差，但能用手驱动轮椅。有时能步行，但不能跑。

F33 级：四肢瘫、三肢瘫和严重的偏瘫。中度（对称或不对称）的四肢瘫或使用轮椅的重度偏瘫——健侧上肢几乎功能正常。此级别几乎没有手足徐动的运动员，除非这一偏瘫或三肢瘫的运动员轻残上肢功能完全正常。能独立驱动轮椅。

F34 级：中重度双肢瘫。上肢、躯干表现出良好的肌力，或表现出轻微的受限和控制问题。投掷时躯干能表现出复杂、有力、迅速的动作。

F51 级：肩关节肌力下降。肘关节屈肘和腕关节背伸肌力可达 5 级，肘伸肌力可达 0~3 级肌力。屈肘时发力，手指夹棒，手托铁饼。功能障碍类似颈 5/6 完全性脊髓损伤。

F52 级：肩关节肌力正常，但手指屈伸肌力小于等于 3 级，手指抓握困难。功能障碍类似 C7 完全性脊髓损伤。如上肢肌力类似 F51 级，躯干有部分功能，应考虑分在此级别。

F53 级：肩、肘和腕关节肌力正常，手指具有良好的屈伸肌力，手内在肌肌力无。功能障碍类似 C8 完全性脊髓损伤。投掷时，手有抓握动作，能正常完成投掷动作。如上肢肌力类似 F52 级，躯干有部分功能，应考虑分在此级别。

F54 级：上肢肌力正常，但腹肌及下背部肌力丧失，躯干可控制，但无主动运动功能。功能障碍类似 T1–T7 完全性脊髓损伤。如上肢肌力类似 F52 级，躯干功能正常，应考虑分在此级别。

F55 级：上肢肌力正常，躯干可有部分的肌力或正常，可有不稳定屈髋动作。功能障碍类似双侧髋关节离断或 T8–L1 完全性脊髓损伤。

F56 级：上肢和躯干肌力正常，髋关节有屈曲、内收运动，膝关节能主动伸直，屈曲肌力可达 3 级。功能障碍类似双侧膝关节以上截肢（残端短于肘关节到中指指尖长度的一半）或 L2–L4 完全性脊髓损伤，髋关节外展，后伸肌力为 0 级。单侧髋关节离断，或残肢短的单大腿截肢（股骨大转子以上，髋关节无活动），或不完全性脊髓损伤，下肢大部分肌力为 1 级或 2 级。

F57 级：达到最低损伤标准的坐姿投掷运动员。同 T/F44 级。

（2）站姿投掷

F35 级：中度累及的双肢瘫或三肢瘫。此级别运动员需要借助辅助器具行走，但站立时不需要。动态平衡差，重心改变会失去平衡。

F36 级：中度累及的手足徐动和共济失调。运动员行走时不需要辅助器具。手足徐动是最主要的特征。

F37 级：偏瘫。一侧肢体痉挛 2~3 级。由于一侧下肢明显痉挛，运动员表现出跛行，但行走时不需要辅助器具。

F38 级：同 T38 级。

F40 级：同 T40 级。

F41 级：同 T41 级。

F42–F44 级为下肢残疾运动员，比赛中不佩戴下肢假肢或使用辅具。

F42 级：单侧膝关节以及膝关节以上截肢，或类似功能障碍的下肢残疾。

F43 级：双侧下肢残疾均符合最低损伤标准。

①前半足截肢或类似的先天性短缺

②被动关节活动度损伤

a. 下肢被动关节活动度损伤至少符合下列情况中的一种：

· 髋关节屈曲至少减少 60 度；

· 髋关节后伸至少减少 40 度；

· 膝关节屈曲至少减少 75 度；

· 膝关节伸直最少差 35 度；

· 踝关节背屈、跖屈范围小于等于 10 度（背伸 10 度和跖屈 25 度内）。

b. 或至少符合下列情况中的两种：

· 髋关节屈曲至少减少 45 度，但少于 60 度；

· 髋关节后伸至少减少 25 度，但少于 40 度；

· 膝关节屈曲至少减少 55 度，但少于 75 度；

· 膝关节伸直最少差 25 度，但少于 35 度；

· 踝关节背屈、跖屈范围小于等于 20 度（背伸 10 度和跖屈 25 度内）。

③肌力损伤

a. 下肢肌力受损至少符合下列情况中的一种：

· 髋关节屈曲肌力小于 3 级；

· 髋关节后伸肌力小于 3 级；

· 髋关节外展肌力小于 3 级；

· 髋关节内收肌力为 1 级；

· 膝关节伸直肌力小于 3 级；

· 踝关节跖曲肌力小于 3 级；

· 踝关节背屈、内翻、外翻中至少有两项肌力小于 3 级。

b. 或髋关节屈曲、后伸、外展，膝关节伸直，踝关节跖屈五种情况，肌力减少 6 分（必须有两项每项肌力减少 2 分）。

F44 级：同 T44 级。单侧下肢残疾符合最低损伤标准。

F45 级：双上肢残疾，符合双上肢最低损伤标准。

①上肢缺失

至少 4 指完全截肢（含或不含拇指），或拇指及部分手掌截除，或类似先天性手指缺失。

②被动关节活动度损伤

双上肢功能障碍，双侧上肢有下列情况之一或更多：

· 肩关节外展小于等于 60 度；

· 肩关节水平屈曲小于等于 40 度；

· 肩关节水平后伸小于等于 20 度；

· 肘关节伸直差 45 度以上（含）或在任何位置僵直（铁饼项目在 80~150 度）；

· 腕关节僵直在掌屈或背伸的角度小于等于 50 度（掌屈正常 80 度、背伸正常 70 度）；

· 任何 4 指屈伸活动范围小于等于 10 度（掌指关节）。

③肌力损伤

a. 至少符合下列情况中的一种：

· 肩关节外展肌力小于等于 2 级；

· 肩关节水平屈曲肌力小于等于 2 级；

· 肩关节内旋肌力小于等于 2 级；

· 肩关节外旋肌力小于等于 1 级；

· 肘关节屈曲肌力小于等于 1 级；

· 肘关节伸展肌力小于等于 2 级；

· 腕关节屈曲、背伸，手指屈曲、伸展四个动作中任何两个肌力小于等于 3 级。

b. 或肩关节外展、水平屈曲、内旋或外旋，肘关节伸直肌力总计减少 4 分，其中至少一项肌力减少 2 分。

F46 级

①单侧上肢残疾符合单侧最低损伤标准。

a. 肢体短缺

· 单侧腕关节及腕关节以上截肢（无腕骨残留）；

· 单侧上肢先天性短缺，从肩峰至残肢最远端小于等于另一上肢肱骨加桡骨的长度。

b. 被动关节活动度损伤至少符合下列情况中的一种：

· 肩关节外展小于等于 60 度（0~90 度）；

· 肘关节伸直减少大于 70 度或肘关节屈曲僵直大于 80 度。

c. 肌力损伤至少符合下列情况中的一种：

· 肩关节外展肌力小于等于 2 级；

· 肘关节屈曲和伸直肌力小于等于 3 级。

②双侧上肢残疾，一侧达到单侧最低损伤标准（见 F46 级），另一侧未达到双侧最低损伤标准（见 F45 级）。

F61–F64 级为下肢残疾运动员，比赛中必须佩戴下肢假肢。

F61 级：同 T61 级。

F62 级：同 T62 级。

F63 级：同 T63 级。

F64 级：同 T64 级。

4. 助行器竞速

T71 级：此级别运动员一般需要手动或电动助行装置。运动员躯干、下肢的控制和协调性有严重问题，影响跑步时的加速和有效推进；步幅控制较差，一般有足部拖拉、抬腿较差、步幅严重缩短、下肢活动不对称等表现；独立转移或操纵助行器到起跑线均有困难；上肢的控制和协调性有问题，但分级时不予考虑。

（1）肌张力增高

该类型运动员四肢或三肢受累（四肢瘫或三肢瘫），痉挛严重，双下肢随意运动控制能力差，躯干控制能力差，各项检查符合相应评分：痉挛得分为 16~32 分、随意运动控制小于等于 6 分、躯干控制小于等于 8 分。

（2）共济失调

该类型运动员稳定性和协调性严重受限，影响其驱动助行器，没有辅助器具不能站立和行走，上肢、躯干、下肢协调性差，各项检查符合相应评分：站立评估 4~6 分、步态评估 6~8 分、跟膝胫测试 4 分、躯干控制小于等于 8 分。

（3）手足徐动

该类型运动员四肢有严重的不自主运动，严重影响其驱动助行器，进行不同运动时，功能可能会有很大差异，如起跑和加速往往比使用助行器竞速更受影响，静态平衡和动态平衡躯干控制能力都很差，各项检查符合相应评分：持续时间和幅度评估 3~4 分、运动障碍评估 150~200 分、躯干控制小于等于 8 分。

（4）混合型运动员，分为以下两种情况：

①肌张力增高合并共济失调

该类型运动员稳定性和协调性严重受限，影响其驱动助行器，没有辅助器具不能独立行走，各项检查符合相应评分：痉挛得分大于等于 14 分、步态评估 6~8 分、跟膝胫测试 4 分、躯干控制小于等于 8 分。

②肌张力增高合并手足徐动

该类型运动员大部分肢体中度至重度的不随意运动，影响其驱动助行器，进行不同运动时，功能可能会有很大差异，如起跑和加速往往比使用助行器竞速更受影响，运动障碍评分大部分项目都大于 3 分，下肢不自主运动持续时间和幅度评分大于 2 分。各项检查符合相应评分：痉挛得分大于等于 14 分、运动障碍评分大于等于 100 分、躯干控制小于等于 8 分。

T72 级：此级别运动员可以短距离行走。在使用助行器竞速时，腿可以协同运动，部分运动员左右下肢不对称或使用一条腿驱动，但对推进力影响不大；起跑后，可以变换跑步姿势；核心平衡能力较好；行进过程中，可能步幅较短，但可以有效地加速。

（1）肌张力增高

该类型运动员至少有一组肌群痉挛 3 级或 3 级以上，痉挛评估总分大于等于 10 分。

（2）共济失调

该类型运动员需进行坐姿、站姿、步态、跟膝胫测试、指鼻试验等共济失调评估，评估总分大于等于 7 分，且各项检查符合相应评分：站立评估大于等于 1 分、步态评估大于等于 2 分、跟膝胫测试大于等于 1 分。

（3）手足徐动

该类型运动员需进行运动障碍的评估，不随意运动的幅度和持续时间评分大于等于 2 分，符合 T72 级标准。

（4）混合型运动员，分为以下两种情况：

①肌张力增高合并共济失调

各项检查应符合相应评分：痉挛得分大于等于 7 分、步态评估大于等于 2 分、跟膝胫测试大于等于 1 分、站姿测试大于等于 1 分。

②肌张力增高合并手足徐动

痉挛得分大于等于 7 分，下肢不自主运动持续时间和幅度评分大于等于 2 分。

注：T71 级、T72 级运动员可以同时参加助行器竞速和坐姿投掷项目，但其他级别的运动员只能选择站姿和坐姿中的一种姿势参赛。

（二）视力残疾运动员分级标准

田赛和径赛均分为三个级别，即 F11/T11（B1）、F12/T12（B2）、F13/T13（B3），参见“视力残疾分级规则”一章。

（三）智力残疾运动员分级标准

参见“智力残疾分级规则”一章。

（四）听力残疾运动员分级标准

参见“听力残疾分级规则”一章。

第五章 残疾人羽毛球分级规则

第一节
残疾人羽毛球比赛概况

一、历史发展沿革

残疾人羽毛球由国际羽毛球联合会（BWF）统一管理，是“远南”运动会及亚洲残疾人运动会的传统项目。1995 年，残疾人羽毛球比赛始于英国的斯托克·曼德维尔。起初参与这项运动的人很少，如今参加世界锦标赛的国家已经远远超出了亚洲的范围。一般情况下，比赛设男子单打、女子单打、男子双打、女子双打和混合双打五个大项，并按照残疾类别和分级设 20 多个小项。残疾人羽毛球是专为听力残疾、肢体残疾的运动员组织的比赛。在 2020 年的东京残奥会上，羽毛球被正式列为比赛项目，这对于残疾人羽毛球项目来说无疑是一大进步。2017 年中国残疾人羽毛球队首次参加在韩国蔚山举办的世锦赛，获得了四金七银五铜的好成绩。

国内的残疾人羽毛球项目起步较晚，直到 2000 年 5 月召开的第五届全国残疾人运动会才将羽毛球列为正式比赛项目，此后的每届全国残运会，羽毛球项目均为正式比赛项目。2018 年的全国残疾人羽毛球锦标赛，共有 22 支球队参加比赛，达到了历届之最。在近年的残疾人羽毛球世锦赛、亚洲锦标赛及亚残运会比赛中，中国残疾人羽毛球队屡创佳绩，竞赛水平不断提高。

二、分级概况

2013 年，BWF 为将残疾人羽毛球项目列入残奥会，更改了分级规则，使其与国际残奥委员会规定的损伤类别一致，要求参赛运动员的损伤类别为肌张力增高、手足徐动、共济失调、肢体缺失、被动关节活动度损伤、肌力损伤、双下肢不等长和身材矮小。原有的八个级别（站姿下肢三个级别、站姿上肢两个级别、轮椅组三个级别）改为现有的六个级别（站姿下肢两个级别、站姿上肢一个级别、轮椅组两个级别，增设身材矮小一个级别）。

第二节 残疾人羽毛球分级规则

一、损伤类别

残疾人羽毛球运动员必须符合 IPC 所规定的肢体残疾损伤类别的其中一种或听力残疾，而且损伤必须是永久性损伤。损伤类别见表 5–1。

表5-1　残疾人羽毛球运动员损伤类别

损伤类别	导致损伤的原因
肌张力增高	脑瘫、创伤性脑损伤和中风
共济失调	脑瘫、创伤性脑损伤、中风和多发性硬化症
手足徐动	脑瘫、创伤性脑损伤和中风
肌力损伤	脊髓损伤（完全或不完全，四肢瘫或截瘫）、肌营养不良、脊髓灰质炎和脊柱裂
被动关节活动度损伤	慢性关节疾病或创伤致关节弯曲和挛缩，导致被动关节活动度损伤
肢体缺失	创伤性截肢、因疾病导致的截肢（如骨肿瘤），或先天性肢体短小或缺失
双下肢不等长	肢体发育异常和先天性或外伤性肢体发育障碍，导致下肢不等长
身材矮小	软骨发育不全、生长激素分泌障碍及成骨不全
听力残疾	先天及后天疾病导致的听力损伤

二、各级别分级标准

（一）肢体残疾运动员分级标准

1. 坐姿1级（WH1）（坐位平衡较差）

（1）肌张力增高、手足徐动、共济失调的偏瘫、双肢瘫、四肢瘫。

下肢严重受累，上肢和躯干轻度到中度受累。

（2）截肢和类似残疾

① 双侧膝关节以上截肢，至少有一侧残肢小于等于大腿应有长度（尺骨鹰嘴至中指指尖的长度）的 1/2；

② 符合 WH2 截肢标准，且至少一侧上肢执拍手或非执拍手符合 SU5 级最低残疾；

③ 符合 WH2 截肢标准，且有脊柱侧凸。

注：脊柱侧凸 Cobb 角大于等于 60 度，且须有 X 光片证明。

（3）被动关节活动度损伤

① 双侧下肢符合 SL4 被动关节活动度损伤标准中的 8 项；

② 符合 WH2 被动关节活动度损伤最低标准，且至少一侧上肢执拍手或非执拍手符合 SU5 级最低残疾；

③ 符合 WH2 被动关节活动度损伤最低标准，且有脊柱侧凸。

（4）肌力损伤

① 双侧下肢符合 SL4 肌力损伤标准中的 14 项；

② 符合 WH2 肌力损伤最低标准，且至少一侧上肢执拍手或非执拍手符合 SU5 级最低残疾；

③ 符合 WH2 肌力损伤最低标准，且有脊柱侧凸；

④ 腰 1 及其以上的完全性截瘫。

2. 坐姿2级（WH2）（躯干平衡好）

（1）肌张力增高、手足徐动、共济失调的偏瘫、双肢瘫、四肢瘫。

下肢重度受累，上肢和躯干不受累或仅有轻度受累。需要借助辅具才能行走，改变重心容易跌倒。肌张力增高大于等于 3 级，需借助辅具长距离行走，一般使用轮椅进行活动。

（2）截肢和类似残疾

① 单侧膝关节以上截肢，残肢长度短于健侧大腿的一半（测量方式：健侧：从髂前上棘到膝关节外侧间隙；残端：从髂前上棘到截肢股骨末端中心）；

② 双侧截肢：一侧通过膝关节或膝关节以上截肢，对侧膝关节以下截肢（包含踝关节以上截肢）；

③ 类似的先天性肢体缺失。

（3）一侧下肢至少符合SL4下肢被动关节活动度损伤标准中的5项。

（4）肌力损伤

① 一侧下肢符合 SL4 肌力损伤标准中的 5 项；

② 一侧下肢符合 SL4 肌力损伤标准中的 4 项及对侧下肢符合 2 项；

③ 腰 2 及其以下的完全性瘫痪。

3. 站姿3级（SL3）（下肢损伤较重）

（1）肌张力增高、手足徐动、共济失调

下肢中度受累，上肢不受累或仅有轻度受累。运动员患侧用足跟行走困难，跳跃、平衡、侧步时有显著困难，行走或跑动表现出跛行。

累及的肢体必须明显表现出肌张力增高 2~3 级，ROM、PROM 有差异，快速、慢速 PROM 有差异。

且符合以下症状中的一条：

① 能证实的上运动神经元反射异常：巴宾斯基征阳性；4 次以上阵挛；双上肢明显的腱反射异常；

② 不规则的随意性的收缩（舞蹈症）和/或扭动运动（手足徐动）；

③ 下肢的长度和周径（肌腹）相差 2cm；

④ 辨距不良和共济失调。

手足徐动运动员必须有脑功能异常引起的下肢协调性问题：表现出轻微急停、启动、转身、平衡和爆发性运动障碍。

（2）截肢和类似残疾

① 单侧通过膝关节或膝关节以上截肢；

② 双侧膝关节以下截肢；

③ 类似的先天性肢体缺失或类似的肢体发育异常表现。

（3）下肢被动关节活动度损伤

① 一侧或双侧下肢至少符合下肢被动关节活动度（PROM）损伤标准中的 4 项；

② 符合 PROM 损伤标准中的 3 项加下肢肌力损伤标准的 1 项；

③ 符合 PROM 损伤标准中的 3 项加双下肢不等长相差 4cm。

（4）一侧或双侧下肢符合肌力损伤标准中的4项。

（5）双下肢不等长相当于单侧膝关节以上截肢。

4. 站姿4级（SL4）（下肢损伤较轻）

（1）肌张力增高、手足徐动、共济失调

下肢中度受累，上肢不受累或仅有轻度受累，在比赛和训练时表现出功能受限。运动员可见轻度跛行，但跑动时较流畅。

累及的肢体必须明显表现出肌张力增高 1~2 级（至少有一侧下肢累及），ROM、PROM 有差异，快速、慢速 PROM 有差异。

且符合以下症状中的一条：

① 能证实的上运动神经元反射异常：巴宾斯基征阳性；4 次以上阵挛；双上肢明显的腱反射异常；

② 不规则的随意性的收缩（舞蹈症）和/或扭动运动（手足徐动）；

③ 下肢的长度和周径（肌腹）相差 2cm；

④ 辨距不良和共济失调。

下肢的单肢瘫必须累及髋关节，表现出被动关节活动度损伤或 ROM、PROM 有差异。

手足徐动运动员必须有脑功能异常引起的下肢协调性问题：表现出轻微急停、启动、转身、平衡和爆发性运动障碍。

（2）截肢和类似残疾

① 单侧半足的截肢（健侧测量从拇趾到跟骨结节后方）；

② 类似的先天性肢体缺失。

（3）一侧或双侧下肢符合下列两项下肢被动关节活动度损伤标准：

① 髋关节屈曲至少减少 45 度；

② 髋关节伸直至少减少 25 度；

③ 膝关节屈曲至少减少 60 度；

④ 膝关节伸直最少差 30 度；

⑤ 踝关节背伸小于等于 10 度，及踝关节被动活动度小于等于 10 度；

⑥ 踝关节跖屈小于等于 20 度，及踝关节被动活动度小于等于 10 度。

或上述一项加双下肢长度至少相差 4cm。

（4）一侧或双侧下肢肌力损伤符合下列标准中的两项：

① 髋关节屈曲肌力 2 级；

② 髋关节后伸肌力 2 级；

③ 髋关节外展肌力 2 级；

④ 髋关节内收肌力 2 级；

⑤ 膝关节伸直肌力 2 级；

⑥ 膝关节屈曲肌力 2 级；

⑦ 踝关节跖屈肌力 2 级；

⑧ 踝关节背伸肌力 2 级。

或躯干永久性严重活动障碍，如脊柱侧凸 Cobb 角大于 60 度，且须有 X 光片证明。

（5）双下肢长度至少相差7cm。

5. 站姿5级（SU5）（上肢残疾级别）

（1）非执拍手残疾

① 肌张力增高、手足徐动、共济失调

上肢中度受累，下肢轻度受累，在比赛和训练时有明显的功能受限。肌张力增高 1~2 级，ROM、PROM 有差异，快速、慢速 PROM 有差异。

手足徐动运动员必须有脑功能异常引起的上肢协调性问题。

② 截肢和类似残疾

a. 单侧经腕关节或腕关节以上截肢（无腕骨残留）；

b. 单侧肢体发育异常的运动员，患侧从肩峰到指尖长度，小于等于健侧肱骨加桡骨的长度。

③ 单侧上肢被动关节活动度损伤至少符合下列情况中的 5 项：

a. 肩关节外展小于 60 度；

b. 肩关节水平屈曲小于等于 60 度；

c. 肩关节水平外展小于等于 20 度；

d. 肘关节伸直差 70 度以上；

e. 肘关节在大于 80 度屈曲位僵直。

仅有非执拍手一侧的腕关节固定或僵直不符合最低参赛标准。

④ 一侧上肢肌力损伤至少符合下列情况中的 3 项：

a. 肩关节外展肌力 2 级；

b. 肩关节前屈肌力 2 级；

c. 肩关节后伸肌力 2 级；

d. 肘关节屈曲和伸直肌力 2 级。

（2）执拍手残疾

① 如果仅有执拍手受累，则标准同非执拍手。

② 截肢和类似残疾，须符合以下情况中的一项：

a. 除拇指外，至少 3 个指从掌指关节完全截肢，不允许将球拍捆在手上；

b. 除拇指外，至少 4 个指从掌指关节完全截肢，允许将球拍捆在手上；

c. 拇指和大鱼际截肢；

d. 类似的先天性畸形。

③ 一侧上肢被动关节活动度损伤至少符合下列情况中的一项：

a. 肩关节外展小于 90 度；

b. 肩关节前屈小于 90 度；

c. 肩水平面外展小于 40 度；

d. 当臂外展到 90 度，肩关节外旋小于 60 度；

e. 肘关节伸直至少差 45 度或在任何位置僵直；

f. 腕关节僵直在掌屈或背屈的角度大于等于 50 度；

g. 任何 3 个掌指关节（不包括拇指）屈曲或伸直小于等于 10 度。

④ 一侧上肢肌力损伤至少符合下列情况中的一项：

a. 肩关节外展肌力 2 级；

b. 肩关节前屈肌力 2 级；

c. 肩关节内旋肌力 2 级；

d. 肩关节外旋肌力 2 级；

e. 肘关节屈曲肌力 2 级；

f. 肘关节伸直肌力 2 级。

6.身材矮小（SH6）

（1）运动员年龄必须超过18岁（如果小于18岁，必须提供身材矮小来源于染色体异常诊断的证据）。

（2）男运动员身高小于等于145cm，单臂长小于等于66cm，身高加单臂长小于等于200cm；

（3）女运动员身高小于等于137cm，单臂长小于等于63cm，身高加单臂长小于等于190cm。

注：测量身高时应赤足，靠墙站立。由于关节挛缩时，有效长度会减少，臂长测量时不考虑肘关节挛缩。

（二）听力残疾运动员分级标准

参见“听力残疾分级规则”一章。

> 第六章

残疾人硬地滚球分级规则

第一节 残疾人硬地滚球比赛概况

一、历史发展沿革

硬地滚球项目是一项古老的传统体育项目。在 1984 年的残奥会上，硬地滚球作为表演推广项目第一次出现在国际赛场上。1992 年，硬地滚球成为残奥会正式比赛项目。

硬地滚球在中国还是一项新兴的残疾人运动，该项目于 1994 年正式传入我国，虽然引进较晚，但相对来说发展迅速。从 1994 年我国组建硬地滚球国家队至今，取得了不少优异的成绩。

二、分级概述

硬地滚球的分级随着项目的不断发展，逐渐完善并加以修改。2017 年之前分为五个级别，2021 年 10 月，国际硬地滚球联合会（BISFeD）发布了新的分级规则，将该项目分为四个级别。

其中 BC1 和 BC2 是脑瘫运动员，BC1 代表严重四肢瘫的运动员；BC2 代表中度至重度四肢瘫的运动员；BC3 代表符合 BC1 或 BC4 分级标准、不能用手投球、使用辅助器具的运动员；BC4 代表非脑瘫的四肢受累的严重运动功能障碍的运动员。

第二节 残疾人硬地滚球分级规则

一、损伤类别

残疾人硬地滚球运动员必须符合 IPC 所规定的肢体残疾损伤类别的其中一种。损伤类别见表 6–1。

表6-1　残疾人硬地滚球运动员损伤类别

损伤类别	导致损伤的原因
肌张力增高	脑瘫、创伤性脑损伤和中风
共济失调	脑瘫、创伤性脑损伤、中风和多发性硬化症
手足徐动	脑瘫、创伤性脑损伤和中风
肌力损伤	脊髓损伤（完全或不完全，四肢瘫或截瘫）、肌营养不良、脊髓灰质炎和脊柱裂
被动关节活动度损伤	慢性关节疾病或创伤致关节弯曲和挛缩，导致被动关节活动度损伤
肢体缺失	创伤性截肢、因疾病导致的截肢（如骨肿瘤），或先天性肢体短小或缺失

二、各级别分级标准

（一）BC1级

1. 严重的四肢瘫；

2. 四肢和躯干主动关节活动度损伤和/或肌力下降；

3. 上下肢痉挛 3~4 级，伴有/或无手足徐动；

4. 严重的手足徐动导致肌力和控制功能受限；

5. 严重的共济失调导致协调和抓握功能受限；

6. 日常生活使用电动轮椅，自己驱动手动轮椅不能长距离行走；

7. 手足徐动的运动员可使用手动轮椅，比赛时用脚来投球；

8. 手足徐动的运动员可行走。

（二）BC2级

1. 中度至重度四肢瘫；

2. 上下肢痉挛 2~3 级，伴有/或无手足徐动；

3. 中度的功能障碍，由于痉挛、力量减弱或控制能力差，四肢和躯干主动关节活动度损伤；

4. 日常生活使用手动轮椅或电动轮椅；

5. 可短距离行走。

（三）BC3级

符合 BC1 级或 BC4 级分级标准，不能用手投球的运动员须符合以下标准：

1. 不能用手抓、握、投球，也不能用脚将球扔到场地内；

2. 使用特殊设备或坡道在辅助人员的帮助下进行训练和比赛；

3. 运动员可采用多种方法投球，如使用头盔或手指。

（四）BC4级

1. 四肢受累的严重运动功能障碍；

2. 四肢肌力均小于等于 3 级；

3. 日常生活使用手动轮椅或电动轮椅，使用助行器可行走；

4. 采用与 BC1 级或 BC2 级运动员类似的投球方式。

> 第七章

残疾人皮划艇分级规则

第一节
残疾人皮划艇比赛概况

一、历史发展沿革

残疾人皮划艇运动是一项年轻的体育运动。2009 年国际皮划艇联合会（ICF）首次成功地举办了残疾人皮划艇比赛，2010 年首次举办了残疾人皮划艇世锦赛，并在同年的广州 IPC 执委会会议上决定将残疾人皮划艇比赛纳入残奥会。残疾人皮划艇分为皮艇和划艇两个项目。2016 年里约残奥会仅设皮艇的比赛项目，2021 年东京残奥会设女子、男子皮艇和划艇共九个项目。

二、分级概况

符合 IPC 所规定的肌力损伤、被动关节活动度损伤、肢体缺失的运动员可以参加残疾人皮艇和划艇比赛。根据损伤程度，皮艇分为 KL1、KL2、KL3 三个级别，划艇分为 VL1、VL2、VL3 三个级别。

第二节
残疾人皮艇分级规则

一、损伤类别

残疾人皮艇运动员必须符合 IPC 所规定的肢体残疾损伤类别的其中一种。损伤类别见表 7–1。

表7-1　残疾人皮艇运动员损伤类别

损伤类别	导致损伤的原因
肌力损伤	脊髓损伤（完全或不完全，四肢瘫或截瘫）、肌营养不良、脊髓灰质炎和脊柱裂
被动关节活动度损伤	慢性关节疾病或创伤致关节弯曲和挛缩，导致被动关节活动度损伤
肢体缺失	创伤性截肢、因疾病导致的截肢（如骨肿瘤），或先天性肢体短小或缺失

二、分级评估方法

皮艇的分级评估包括下肢功能、躯干功能和水上技术评估三项。

（一）下肢功能评估

下肢肌力评估采用徒手肌力检测法，不使用 +/– 计分，每个动作总分为 2 分（肌力 5 级得 2 分，肌力 3 级得 1 分，肌力 3 级以下 0 分）。

下肢功能评估包括双侧的髋关节屈曲、伸展，膝关节屈曲、伸展，踝关节跖屈、背屈和下肢蹬腿功能。单侧下肢总分为 14 分，双侧下肢总分为 28 分。

（二）躯干功能评估

躯干功能评估检查运动员双侧的躯干屈、伸、侧屈、旋转功能，坐位的静态平衡、动态平衡和抗阻力运动功能，以及在充气垫上的坐位功能，包括 41 个动作，每个动作按要求完成得 2 分，躯干总分为 84 分。检查时不使用 +/– 计分。

（三）水上技术评估

水上技术评估的目的是在完成陆上技术评估的基础上，评估运动员的专项运动功能。

运动员在评估时使用的装备需要与比赛时的装备完全一致，包括假肢、坐凳等辅具。

水上技术评估包括在艇中的下肢蹬腿功能、躯干的姿势及功能等 6 个项目，总分为 12 分。

三、最低损伤标准（MIC）

皮艇运动员的最低损伤标准必须符合单侧下肢至少减 4 分（单侧下肢总分为 14 分）。

四、各级别分级标准

（一）KL1级，转换分总分为3分。运动员躯干功能无或非常受限，没有下肢功能，在艇上通常需要使用特制的高靠背坐凳。

1. 躯干：转换分 1 分（躯干得分在 0~16 分区间）；
2. 下肢：转换分 1 分（下肢得分在 0~2 分区间）；
3. 水上技术：转换分 1 分（水上得分在 0~3 分区间）。

（二）KL2级，转换分总分为4~7分（包括4分和7分）。运动员有部分躯干和下肢功能，在艇上躯干可以坐直，但可能需要使用特殊的靠背，并且在蹬腿时下肢功能受限。

1. 躯干：转换分 1 分（0~16 分区间）、转换分 2 分（17~68 分区间）或转换分 3 分（69~84 分区间）；

2. 下肢：转换分 1 分（0~2 分区间）或转换分 2 分（3~17 分区间）；

3. 水上技术：转换分 1 分（0~3 分区间）、转换分 2 分（4~8 分区间）或转换分 3 分（9~12 分区间）。

（三）KL3级，转换分总分为8分或9分，运动员躯干功能完全，双下肢功能部分受损，在艇上时躯干可以前屈，并且至少可以使用单下肢蹬腿。

1. 躯干：转换分 2 分（17~68 分区间）或转换分 3 分（69~84 分区间）；

2. 下肢：转换分 2 分（3~17 分区间）或转换分 3 分（18~24 分区间）；

3. 水上技术：转换分 2 分（4~8 分区间）或转换分 3 分（9~12 分区间）。

总分是指躯干、下肢和水上技术评估三个分项的得分转换分之和。例如，某一运动员在躯干功能评估中得分为 50 分，处于该项的第 2 分值区间，则躯干项得分为转换分 2 分；在下肢功能评估中得分为 20 分，处于该项的第 3 分值区间，则下肢项得分为转换分 3 分；在水上技术评估中得分为 7 分，处于该项的第 2 分值区间，则水上技术项得分为转换分 2 分，最终该运动员获得的总分为 7 分，并将被分到 KL2 级别。

表7-2　残疾人皮艇分级换算

转换分数	躯干功能	下肢功能	水上技术
1	0~16分	0~2分	0~3分
2	17~68分	3~17分	4~8分
3	69~84分	18~24分	9~12分

第三节 残疾人划艇分级规则

一、损伤类别

残疾人划艇运动员必须符合 IPC 所规定的肢体残疾损伤类别的其中一种。损伤类别见表 7–3。

表7-3 残疾人划艇运动员损伤类别

损伤类别	导致损伤的原因
肌力损伤	脊髓损伤（完全或不完全，四肢瘫或截瘫）、肌营养不良、脊髓灰质炎和脊柱裂
被动关节活动度损伤	慢性关节疾病或创伤致关节弯曲和挛缩，导致被动关节活动度损伤
肢体缺失	创伤性截肢、因疾病导致的截肢（如骨肿瘤），或先天性肢体短小或缺失

二、分级评估方法

划艇的分级评估包括下肢功能、躯干功能和水上技术评估三项。

（一）下肢功能评估

同皮艇分级评估方法。

（二）躯干功能评估

躯干功能评估检查运动员双侧的躯干屈、伸、侧屈、旋转功能，坐位的静态平衡、动态平衡和抗阻力运动功能，以及在充气垫上的坐位功能，包括 41 个动作。但划艇只记录坐位的动态平衡功能，共 6 个动作，每个动作按要求完成得 2 分，躯干总分为 12 分，再按系数换算成最后得分，满分为 18 分。检查时不使用 +/– 计分。

（三）水上技术评估

水上技术评估的目的是在完成陆上技术评估的基础上，评估运动员的专项运动功能。

运动员在评估时使用的装备需要与比赛时的装备完全一致，包括假肢、坐凳等辅具。

水上技术评估包括在艇中的非桨侧下肢的蹬腿功能、躯干的侧屈功能等 3 个项目，总分为 6 分，再按系数换算成最后得分，满分为 18 分。

三、最低损伤标准（MIC）

划艇运动员的最低损伤标准必须满足以下条件之一：

（一）单下肢得分小于等于4分（损失10分）；

（二）双下肢得分小于等于17分（损失11分）；

（三）转换后的躯干得分小于等于10.5分，双下肢得分小于等于20分；

（四）在动态躯干测试中减少大于等于7.5分，双下肢减少大于等于8分。

四、各级别分级标准

（一）VL1级，躯干功能测试、下肢功能测试以及水上技术测试均为0分。

（二）VL2级，躯干功能测试为1.5~13.5分，且躯干功能测试、下肢功能测试以及水上技术测试总分小于等于27分。

（三）VL3级，有以下两种情况：

1. 躯干功能测试为 1.5~13.5 分，且躯干功能测试、下肢功能测试以及水上技术测试总分大于等于 28 分；

2. 躯干功能测试为 15~18 分，下肢功能测试小于等于 18 分，以及水上技术测试小于等于 18 分。

>

第八章

残疾人自行车分级规则

第一节
残疾人自行车比赛概况

一、历史发展沿革

残疾人自行车比赛是专门为肢体残疾、视力损伤和听力残疾的运动员组织的比赛。自行车项目是残疾人体育的新兴项目，开始于欧洲，最早只有视力损伤的运动员在健全人的帮助下使用双人自行车来体验自行车运动的感受。1984 年首次进行了视力残疾者的自行车比赛。在 1988 年汉城残奥会上，公路自行车赛被首次列入正式比赛项目，标志着自行车运动正式成为残奥会比赛项目。1996 年亚特兰大残奥会又增加了场地自行车赛。

我国残疾人自行车运动起步较晚，最早的残疾人自行车比赛是 2002 年在武汉举行的全国残疾人自行车锦标赛，来自全国 7 个代表队的肢体残疾和视力残疾共五个级别的 33 名运动员参加了 26 个项目的比赛。之后，残疾人自行车项目首次被列入 2003 年在南京举办的第六届全国残疾人运动会，比赛分场地赛和公路赛两个项目。2004 年和 2005 年分别在甘肃兰州和山东日照举办了全国残疾人自行车锦标赛。至此，我国残疾人自行车竞赛项目已开设了残奥会自行车全部比赛项目。在近年来的残疾人自行车世界杯、世锦赛、残奥会中，中国残疾人自行车屡创佳绩，竞赛水平不断提高。

二、分级概况

残疾人自行车分级规则由国际自行车联合会（Union Cycliste International，UCI）制定。2011 年以前分为 B 级（视力残疾）、LC1–LC4（肢体残疾）四个级别、CP1–CP4（脑瘫）四个级别、HC4/3 和 HC2/1（手摇自行车）两个级别。2011 年 UCI 发布了新的分级规则，将肢体残疾和脑瘫级别合并，共设置 B 级（视力残疾双人自行车）、C 级（两轮自行车）、H 级（手摇自行车）和 T 级（三轮自行车）四种类型级别。截至 2018 年 2 月 UCI 所发布的 01.02.18 版分级规则中，共设置 B 级一个级别、C 级五个级别、H 级五个级别、T 级两个级别，具体级别设置见表 8–1。

表8-1　残疾人自行车级别设置

手摇自行车	三轮自行车	两轮自行车	视力残疾双人两轮自行车
H1	T1	C1	B
H2	T2	C2	
H3		C3	
H4		C4	
H5		C5	

第二节
残疾人自行车分级规则

一、损伤类别

残疾人自行车运动员必须符合 IPC 所规定的肢体残疾损伤类别的其中一种，或视力残疾和听力残疾，而且损伤必须是永久性损伤。损伤类别见表 8–2。

表8-2 残疾人自行车运动员损伤类别

损伤类别	导致损伤的原因
肌张力增高	脑瘫、创伤性脑损伤和中风
共济失调	脑瘫、创伤性脑损伤、中风和多发性硬化症
手足徐动	脑瘫、创伤性脑损伤和中风
肌力损伤	脊髓损伤（完全或不完全，四肢瘫或截瘫）、肌营养不良、脊髓灰质炎和脊柱裂
被动关节活动度损伤	慢性关节疾病或创伤导致的关节弯曲和挛缩，导致被动关节活动度损伤
肢体缺失	创伤性截肢、因疾病导致的截肢（如骨肿瘤），或先天性肢体短小或缺失
双下肢不等长	肢体发育异常和先天性或外伤性肢体发育障碍，导致下肢不等长
视力残疾	先天及后天疾病导致的视力及视野损伤
听力残疾	先天及后天疾病导致的听力损伤

二、最低损伤标准（MIC）

残疾人自行车运动员最低损伤标准见表 8–3。

表8-3 残疾人自行车运动员的最低损伤标准

损伤类别	最低损伤标准
肌力损伤	上肢：单侧手完全失去抓握能力； 下肢：单腿站立时无法抬起足跟； 类似的不完全性脊髓损伤或多发性损伤
被动关节活动度损伤	上肢：一只手无法完成持续抓握； 下肢：单腿站立时无法抬起足跟
肢体缺失	上肢：单侧所有手指和拇指通过掌指关节截肢（类似的无抓握功能的畸形）； 下肢：单侧通过跗跖关节截肢或类似畸形
双下肢不等长	双下肢长度至少相差7cm

续表

损伤类别	最低损伤标准
肌张力增高	单侧或双侧上肢或下肢肌张力至少1级，并且有明显的病理症：单侧或双侧霍夫曼征/巴宾斯基征阳性
共济失调	偶有轻度或有轻度的共济失调体征（参照SARA量表）
手足徐动	单侧或双侧偶有轻度或有轻度的手足徐动体征
视力残疾	视力损伤必须符合以下一种情况： 眼结构损伤； 视觉神经或视觉神经传导损伤； 视觉皮质损伤； 视力小于等于LogMAR1.0或视野直径小于40度
听力残疾	参见听力残疾分级规则

三、肢体残疾各级别分级标准

（一）C级

1. C1级

（1）截肢

① 单膝上截肢合并同侧或对侧肘上截肢或肘下截肢（戴/不戴假肢）；

② 双膝离断；

③ 双肘下截肢合并单膝上截肢（不戴假肢）；

④ 双肘下截肢合并双膝下截肢。

（2）肌力损伤及被动关节活动度损伤：功能损伤类似上述肢体缺失

（3）肌张力增高、共济失调、手足徐动

运动功能障碍，可以是混合型（手足徐动、痉挛、共济失调）。

① 肌张力增高：重度单侧或双侧受累（对称/不对称），上下肢痉挛 3 级，躯干力量差；

② 共济失调：连续表现出明显的共济失调症状；

③ 手足徐动/肌张力障碍：单侧或双侧（对称/不对称）不断表现出

肌张力障碍/手足徐动的症状，运动幅度过大或姿势极度紧张。

2. C2级

（1）截肢

① 单肘上截肢合并单膝离断（戴假肢）；

② 双肘下截肢合并单膝离断（戴假肢）；

③ 双膝下截肢（戴假肢）合并单肘上截肢（不戴假肢）；

④ 单膝上截肢（不戴假肢），可使用残端支撑。

（2）肌力损伤及被动关节活动度损伤

① 功能损伤类似上述肢体缺失；

② 髋或膝关节活动度损伤或肌力减弱，以至于不能充分地控制曲柄的旋转，曲柄的半径为0，即固定。

（3）肌张力增高、共济失调、手足徐动

运动功能障碍，可以是混合型（手足徐动、痉挛、共济失调）。

① 肌张力增高：单侧或双侧中度受累（对称/不对称），受累上下肢痉挛2级，一个或多个受累肢体活动时可见肌张力增高；

② 共济失调：连续表现出中重度的共济失调症状；

③ 手足徐动/肌张力障碍：单侧或双侧（对称/不对称）不断表现出肌张力障碍/手足徐动的症状，运动幅度中度大或姿势极度紧张。

3. C3级

（1）截肢

① 单肘上截肢（不戴假肢）合并单膝下截肢（戴假肢）；

② 单膝上截肢或单膝离断（戴假肢）合并单肘下截肢；

③ 双膝下截肢（戴假肢）。

（2）肌力损伤及被动关节活动度损伤

① 功能损伤类似上述肢体缺失；

② 髋或膝关节活动度损伤，以至于不能正常地控制曲柄的旋转，运动员可以把曲柄缩短到最佳长度。

（3）肌张力增高、共济失调、手足徐动

① 肌张力增高：单侧或双侧中度受累（对称/不对称），下肢痉挛 2 级，多累及下肢，上肢痉挛 1 级；

② 共济失调：活动时可见肌张力增高，连续表现出轻中度的共济失调症状；

③ 手足徐动/肌张力障碍：单侧或双侧（对称/不对称）间断表现出运动障碍的症状，运动幅度偏大。

4. C4级

（1）截肢

① 单膝下截肢（戴假肢）合并单肘下截肢；

② 单膝下截肢（戴假肢）；

③ 双肘下截肢。

（2）肌力损伤及被动关节活动度损伤

① 功能损伤类似上述肢体缺失；

② 髋或膝关节活动度损伤，以至于不能正常地控制曲柄的旋转，运动员可以把曲柄缩短到最佳长度。

（3）肌张力增高、共济失调、手足徐动

① 肌张力增高：单侧或双侧轻度受累（对称/不对称），下肢痉挛 1 级，上肢痉挛 1 级，偶见活动时肌张力增高；

② 共济失调：连续表现出轻度的共济失调症状；

③ 手足徐动/肌张力障碍：单侧或双侧（对称/不对称）间断表现出运动障碍的症状，运动幅度轻中度偏大。

5. C5级：符合最低损伤标准在此级别

（1）截肢

① 所有手指及拇指（通过掌指关节）截肢或无抓握功能的肢体畸形，即不能用受累肢体正常操控手柄及刹车；

② 通过跗跖关节的截肢或类似的肢体畸形；

③ 单肘上截肢（戴/不戴假肢）；

④ 单肘下截肢（戴假肢）。

（2）肌力损伤及被动关节活动度损伤：功能损伤类似上述肢体缺失

（3）双下肢不等长：双下肢长度至少相差7cm

（4）肌张力增高、共济失调、手足徐动

① 肌张力增高：受累上肢或下肢的部分痉挛大于等于1级（受累肢体的踝、膝或肘等），有明显的神经系统体征（单侧或双侧霍夫曼征和巴宾斯基征阳性，有明显的反射亢进或左右反射不对称）；

② 共济失调：偶见轻度的共济失调症状；

③ 手足徐动：单侧或双侧（对称/不对称）偶见运动障碍伴运动幅度轻中度偏大。

（二）H级

1. H1级

（1）肌力损伤：四肢瘫颈6或以上完全性的颈髓损伤，躯干稳定性和下肢功能完全丧失，伸肘受限（双侧肱三头肌肌力6分），双手的抓握功能受限，肌力1级或抖动，非脊髓损伤/不完全性脊髓损伤，伴功能障碍类似此级别。

（2）肌张力增高：双侧受累的四肢瘫（非对称/对称），上下肢痉挛大于等于3级。

（3）共济失调、手足徐动、肌张力障碍

① 严重的手足徐动/肌张力障碍（过度运动的幅度较大、持续时间较长）；

② 严重的共济失调（严重的辨距不良和/或重度震颤），躯干和下肢受累重于上肢；

③ 躯干中度至重度受累；

④ 肌张力增高致肘伸受限（痉挛3级）。

⑤ 运动功能受限的H1级的共济失调/手足徐动/肌张力障碍和高张力/痉挛的混合型，不能骑两轮车或三轮车。

2. H2级

（1）肌力损伤：四肢瘫颈7/8或以上完全性颈髓损伤，躯干稳定性和下肢功能完全丧失，肱三头肌和肱二头肌肌力大于等于3级，双手的抓握功能受损（一侧肌力小于等于3级合并一侧肌力小于3级），非脊髓损伤／不完全性脊髓损伤，伴功能障碍类似此级别。

（2）肌张力增高：双侧受累（非对称／对称性），上下肢痉挛至少2级，不能骑两轮自行车或三轮自行车。

（3）共济失调、手足徐动、肌张力障碍

① 重度的手足徐动／肌张力障碍（过度运动的振幅较大、持续时间较长），尤其是下肢痉挛严重致不能骑两轮自行车或三轮自行车；

② 重度的共济失调（重度的辨距不良和／或重度震颤），躯干和下肢受累重于上肢；

③ 躯干中度至重度受累；

④ 肘伸被动关节活动不受限。

3. H3级

（1）肌力损伤：截瘫T1~10的完全性脊髓损伤，躯干稳定性从非常受限（腹肌功能无至最小）至受限（上下腹肌肌力减小至正常）伴肌力0~4级，非脊髓损伤／不完全性脊髓损伤，伴功能障碍类似此级别。

（2）肌张力增高：双侧受累（非对称／对称性），下肢痉挛大于等于2级合并上肢痉挛大于等于1级，躯干和下肢肌张力增高致不能骑两轮自行车或三轮自行车；单侧受累下肢痉挛大于等于3级合并混合型（高肌张力和痉挛加共济失调、手足徐动和肌张力障碍），影响躯干和下肢致不能骑两轮自行车或三轮自行车。

（3）共济失调、手足徐动、肌张力障碍

① 双侧中度受累，混合型（高肌张力和痉挛加共济失调、手足徐动和肌张力障碍）；

② 单侧或双侧下肢痉挛至少 2 级，肌张力增高致不能骑两轮自行车或三轮自行车；

③ 上肢受累较少；

④ 单侧重度受累：下肢痉挛至少 3 级合并混合型（高肌张力和痉挛加共济失调、手足徐动和肌张力障碍），影响躯干和下肢致不能骑两轮自行车或三轮自行车。

4. H4级

（1）肌力损伤：截瘫T11或以下完全性脊髓损伤，下肢无功能或功能受损，躯干稳定性正常或几乎正常（腹肌肌力4~5级），非脊髓损伤，功能障碍类似此级别；伴其他损伤，出于安全考虑不能骑两轮自行车、三轮自行车或手摇车比赛不能采用跪/坐姿。

（2）关节活动度损伤：下肢关节活动度特定的受损运动员。

（3）截肢：伴有其他损伤类似H5级的截肢运动员出于安全考虑不能骑两轮自行车或手摇车比赛不能采用跪/坐姿。

（4）肌张力增高：双侧受累（非对称/对称性）下肢痉挛2级合并上肢痉挛0~1级；单侧受累下肢痉挛至少2级合并上肢痉挛0~1级；肌张力增高不能骑两轮自行车或三轮自行车；伴有其他损伤致手摇车比赛不能采用跪/坐姿。

（5）共济失调、手足徐动、肌张力障碍：双侧轻度至中度受累、对称/不对称；单侧轻度至中度受累；躯干轻度受累；躯干平衡欠佳及不能正常恢复直立位致不能骑两轮自行车或三轮自行车；伴有其他损伤致手摇车比赛不能采用跪/坐姿。

5. H5级

此级别的运动员不能骑两轮车或三轮车，手摇车比赛可以采取跪/坐姿，且必须采用此姿势。

（1）肌力损伤：相当于T11或以下完全性脊髓损伤，腹肌肌力正常、躯干伸肌肌力正常（躯干控制正常）。

（2）截肢：下肢符合MIC的运动员、伴有其他损伤出于安全考虑不能骑两轮自行车。

（3）肌张力增高：双侧受累（非对称/对称性），下肢受累合并上肢正常、接近正常；单侧中度至重度受累下肢痉挛大于等于2级合并上肢痉挛0~1级；躯干正常/轻度受累；肌张力增高致不能骑两轮自行车、三轮自行车。

（4）共济失调、手足徐动、肌张力障碍：双侧轻度至中度受累（对称/不对称）；单侧轻度至中度受累；躯干正常/轻度受累。

（三）T级

1. T1级

由于平衡功能欠佳和/或由于痉挛、共济失调、手足徐动、肌张力障碍致蹬车严重受限，不能骑两轮自行车。

（1）肌张力增高：双侧或单侧受累、对称/不对称（双肢、三肢或四肢肢体严重受累），受累肢体上下肢痉挛3级，躯干功能差，上下肢肌张力增高和躯干同样影响骑三轮自行车的姿势和平衡。

（2）共济失调：不断表现出明显的共济失调症状。

（3）手足徐动、肌张力障碍：不断表现出肌张力障碍、手足徐动的症状，运动幅度过大或姿势极度紧张。

2. T2级

由于平衡功能欠佳和/或由于痉挛致蹬车中度受限，不能骑两轮自行车。

（1）肌张力增高：双侧或单侧受累、对称/不对称（双肢、三肢或四肢肢体严重受累），受累肢体上下肢痉挛2级，活动时可见肌张力增高。

（2）共济失调：不断表现出中度共济失调的症状。

（3）手足徐动、肌张力障碍：断续或连续表现出肌张力障碍的症状，运动幅度过大或姿势紧张。

四、视力残疾分级标准

符合视力残疾分级标准，设立 B 级一个级别。参见“视力残疾分级规则”一章。

五、听力残疾分级标准

参见“听力残疾分级规则”一章。

第九章

残疾人举重分级规则

第一节
残疾人举重比赛概况

一、历史发展沿革

在 1964 年的东京残奥会上，举重项目正式进入残奥会，比赛形式为卧举，由脊髓损伤的男运动员参加。在之后的几年中，举重项目逐步扩大了参赛范围，允许其他类别的残疾运动员参加，并制定了与健全人举重相似的规则。1992 年国际奥委会在巴塞罗那召开的全体代表大会上决定，在以后的残奥会上，只使用卧式举重一种比赛形式。2000 年的悉尼残奥会开始设立女子举重项目。目前，有来自 110 多个国家的运动员参加残疾人举重比赛。

二、分级概况

残疾人举重分级规则由世界残奥举重委员会（World Para Powerlifting，WPP）制定。残疾人举重比赛只允许肢残运动员参加，如果运动员上半身有明显的运动机能损伤，并存在潜在的危险性，则不可以参加举重比赛。精神残疾、听力残疾、视力残疾运动员，患有心脏疾病、单纯疼痛以及肌无力者等均不能参加比赛。

第二节
残疾人举重分级规则

一、损伤类别

残疾人举重运动员必须符合 IPC 所规定的肢体残疾损伤类别的其中一种，且必须是永久性残疾。损伤类别见表 9–1。

表9-1　残疾人举重运动员损伤类别

损伤类别	导致损伤的原因
肌张力增高	脑瘫、创伤性脑损伤和中风
共济失调	脑瘫、创伤性脑损伤、中风和多发性硬化症
手足徐动	脑瘫、创伤性脑损伤和中风
肌力损伤	脊髓损伤（完全或不完全，四肢瘫或截瘫）、肌营养不良、脊髓灰质炎和脊柱裂
被动关节活动度损伤	慢性关节疾病或创伤致关节弯曲和挛缩，导致被动关节活动度损伤
肢体缺失	创伤性截肢、因疾病导致的截肢（如骨肿瘤），或先天性肢体短小或缺失
双下肢不等长	肢体发育异常和先天性或外伤性肢体发育障碍，导致下肢不等长
身材矮小	软骨发育不全、生长激素分泌障碍及成骨不全

二、最低损伤标准

残疾人举重运动员只要符合下述标准之一即可参赛。最低损伤标准见表 9–2。

表9-2　残疾人举重运动员的最低损伤标准

损伤类别	最低损伤标准
肌力损伤	单/双下肢肌力至少减少20分（双下肢肌力总分为100分：髋关节的屈、伸、内收、外展；膝关节的屈、伸；踝关节的屈、伸、内翻、外翻） 注：踝关节固定的运动员导致踝关节不能内外翻，肌力视为5级
肢体缺失	单侧通过踝关节或踝关节以上截肢（无跟骨），或类似的先天性肢体缺失
双下肢不等长	双下肢长度至少相差7cm（髂前上棘→内踝）
身材矮小	男性身高小于等于145cm； 女性身高小于等于140cm
肌张力增高	至少一个下肢痉挛大于等于2级
共济失调、手足徐动	一侧或双侧下肢有明显的共济失调/手足徐动导致的功能障碍
被动关节活动度损伤	髋关节屈伸减少60度，或髋关节固定； 膝关节伸直减少30度或任何位置的僵直； 永久性的严重运动功能障碍和/或脊柱侧弯Cobb角大于60度（必须提供X光片及医学诊断报告）

> 第十章

残疾人赛艇分级规则

第一节
残疾人赛艇比赛概况

赛艇运动起源于英国。1892 年，由比利时、意大利、法国和瑞士倡议，在意大利都灵成立了国际赛艇联合会（International Rowing Federation，FISA），现有会员 112 个。赛艇在 1896 年就被列为首届奥运会的竞赛项目，2002 年塞维利亚世界赛艇锦标赛首次增加了残疾人赛艇比赛项目。该项目于 2005 年被引入残奥会，并在 2008 年北京残奥会上首次举办。2016 年里约残奥会有 26 个国家在四个级别中争夺 12 枚奖牌，共有 48 艘舟艇和 96 名赛艇运动员参赛。

残疾人赛艇目前分为五个级别：PR3 混合四人单桨、PR3 混合双人双桨、PR2 混合双人双桨、PR1 女子单人双桨和 PR1 男子单人双桨。PR3 和 PR2 是混合性别比赛。

第二节
残疾人赛艇分级规则

一、损伤类别

残疾人赛艇运动员必须符合 IPC 所规定的肢体残疾损伤类别的其中一种，或视力残疾，而且损伤必须是永久性损伤。损伤类别见表 10-1。

表10-1　残疾人赛艇运动员损伤类别

损伤类别	导致损伤的原因
肌张力增高	脑瘫、创伤性脑损伤和中风
共济失调	脑瘫、创伤性脑损伤、中风和多发性硬化症
手足徐动	脑瘫、创伤性脑损伤和中风
肌力损伤	脊髓损伤（完全或不完全，四肢瘫或截瘫）、肌营养不良、脊髓灰质炎和脊柱裂
被动关节活动度损伤	慢性关节疾病或创伤致关节弯曲和挛缩，导致被动关节活动度损伤
肢体缺失	创伤性截肢、因疾病导致的截肢（如骨肿瘤），或先天性肢体短小或缺失
视力残疾	先天及后天疾病导致的视力及视野损伤

二、各级别分级标准

（一）肢体残疾运动员分级标准

赛艇分级由医学功能分级和技术分级两部分组成，一般分为三个阶段：医学和功能测试、测功计测试、水上观察。各级别分级标准如下：

1. PR3-PD级

此级别运动员下肢、躯干和上肢有功能，且可以使用滑座划桨。至少符合以下条件之一或类似功能障碍：

（1）单侧足通过跗跖关节的截肢或单侧手同时有3个手指截肢；

（2）单侧上肢或下肢肌力（和/或）关节活动度至少减10分或双侧肢体减15分；

（3）符合国际脑瘫人体育运动娱乐协会（CPISRA）中有关CP8级的分级规定；

（4）PR3双人混合（PR3 Mix2x），肢体残疾运动员单侧上肢或下肢肌力（和/或）关节活动度至少减20分。

2. PR2级

此级别运动员躯干有运动功能，由于下肢有明显的功能障碍不能使用滑座划桨。至少符合以下条件之一或类似功能障碍：

（1）双侧膝关节以上或以下截肢，或股四头肌的严重功能障碍；

（2）腰1平面不完全性或腰3平面完全性脊髓神经损伤；

（3）以上情况的多重残疾，如单侧膝关节以上或以下截肢或膝关节离断，且另一条腿有严重的股四头肌功能障碍；

（4）符合CPISRA有关CP5级的分级规定。

3. PR1级

此级别运动员躯干功能几乎丧失（如仅肩部有功能），主要使用肩和/或手臂划桨，坐位平衡较差。至少符合以下条件之一或类似功能障碍：

（1）胸10平面不完全性或胸12平面完全性脊髓神经损伤；

（2）符合CPISRA有关CP4级的分级规定。

（二）视力残疾运动员分级标准

分为三个级别，即 PR3-VI B1、PR3-VI B2、PR3-VI B3。参见“视力残疾分级规则”一章。

视力残疾运动员仅能参加四人艇比赛，最多允许 2 名视力残疾运动员参加，并且只允许 1 名级别为 PR3-VI B3。

第十一章

残疾人射击分级规则

第一节
残疾人射击比赛概况

一、历史发展沿革

射击运动最早起源于狩猎和军事活动。1976 年，在多伦多举行的第七届残奥会上，射击项目成为正式比赛项目。其特点是按照肢体残疾部位的不同分为 SH1、SH2 两个级别，其中 SH1 级为下肢残疾运动员，SH2 级为上肢有永久性残疾的运动员。每个级别根据残疾运动员的功能程度不同又分为若干个亚级。

运动员可以参加手枪和步枪比赛。手枪分为气手枪和小口径手枪，气手枪用于 10 米项目，小口径手枪用于 25 米和 50 米项目。步枪分为气步枪和小口径步枪，气步枪用于 10 米项目，小口径步枪用于 50 米项目。步枪运动员必须遵照国际射击运动联合会（ISSF）、国际残疾人射击委员会（ISCD）的规定接受对其射击服、射击裤、射击鞋、射击手套和射击皮带等的检查。根据残疾程度的不同，运动员还可使用专门的射击椅、射击桌、射击架，但运动员必须符合规定的标准。

二、分级概况

根据运动员的残疾程度分为 SH1（SH1A、SH1B、SH1C）、SH2（SH2A、SH2B、SH2C）两个级别。SH2 级为因上肢残疾不能承受枪的重量而要求使用射击架的步枪选手。

SH1、SH2 中的 A、B、C 是根据运动员的残疾程度确定的其所坐轮椅靠背的高度所划分的级别：

A：使用无靠背轮椅或射击椅的运动员；

B：使用低靠背轮椅的运动员；

C：使用高靠背轮椅的运动员。

2018 年新增残奥飞碟项目，根据运动员下肢和躯干功能程度不同设立 SG–S 级、SG–L 级、SG–U 级等三个级别。

第二节
残疾人射击分级规则

一、损伤类别

残疾人射击运动员必须符合 IPC 所规定的肢体残疾损伤类别的其中一种，而且损伤必须是永久性损伤。损伤类别见表 11–1。

表11-1　残疾人射击运动员损伤类别

损伤类别	导致损伤的原因
肌张力增高	脑瘫、创伤性脑损伤和中风
共济失调	脑瘫、创伤性脑损伤、中风和多发性硬化症
手足徐动	脑瘫、创伤性脑损伤和中风
肌力损伤	脊髓损伤（完全或不完全，四肢瘫或截瘫）、肌营养不良、脊髓灰质炎和脊柱裂
被动关节活动度损伤	慢性关节疾病或创伤致关节弯曲和挛缩，导致被动关节活动度损伤
肢体缺失	创伤性截肢、因疾病导致的截肢（如骨肿瘤），或先天性肢体短小或缺失

注：肌张力增高、共济失调、手足徐动者不能参加飞碟项目。

二、最低损伤标准（MIC）

（一）步枪类上肢残疾最低损伤标准

1. 腕关节截肢或类似短肢畸形；
2. 一侧肌力减少 30 分或双侧减少 50 分（双上肢总分为 170 分）；
3. 关节活动度损伤类似肌力障碍，腕关节僵直不符合最低损伤标准；
4. 协调障碍类似肌力减少功能障碍。

（二）手枪类非持枪上肢残疾最低损伤标准

1. 腕关节截肢或类似短肢畸形；
2. 上肢肌力一侧减少 30 分（上肢肌力总分为 85 分）；
3. 关节活动度损伤类似上述肌力减少功能；
4. 协调障碍类似上述肌力减少功能。

（三）手枪类与步枪类下肢残疾最低损伤标准

1. 经踝关节截肢或类似先天短肢畸形；
2. 一侧肌力减少 20 分，双侧减少 25 分（总分为 100 分）；
3. 单踝关节僵直或由于运动范围障碍造成类似肌力丧失的功能障碍；
4. 协调功能障碍导致类似关节运动受限。

三、功能测试方法

（一）躯干稳定性测试

1. 测试方法

（1）测试1：坐位双臂在胸前交叉，躯干前屈45度保持5秒钟然后回归到直立位。

（2）测试2：坐位双臂在胸前交叉，躯干后伸45度保持5秒钟然后回归到直立位。

（3）测试3：坐位双臂两侧平伸触摸分级员手后回归到直立位。

（4）测试4：坐位双臂在颈后交叉，侧方倾斜45度。

（5）测试5：坐位双臂在颈后交叉，躯干旋转自如。

2. 测试结果

（1）+：躯干回归直立位功能好。

（2）±：躯干回归直立位功能有些困难。

（3）-：不能完成测试。

3. 测试结果类别

（1）A：5个测试结果都为+。

（2）B：5个测试结果中1个+、1个 ± 、3个-。

（3）C：5个测试结果中最少4个结果为-。

（二）射击上肢肌力测试（步枪SH2）

1. 测试肌力项目

（1）前臂的旋前和旋后；

（2）腕屈、伸；

（3）手指屈曲；

（4）拇指对指功能。

2. 测试结果类别

（1）A：前臂旋前和旋后肌力4~5级，屈腕肌力4~5级，手指屈曲肌力4~5级，拇指对指肌力3~5级。

（2）B：以上测试项目肌力3级或小于3级，拇指对指肌力2级。

四、各级别分级标准

残疾人射击运动与健全人射击运动相似，分为手枪类和步枪类，但在残疾人射击运动中，根据运动员在比赛中是否使用射击架分为 SH1、SH2 两个级别，每个级别根据残疾运动员的功能状态，分为若干个亚级。

（一）SH1级

1. SH1A：躯干功能好，坐位椅子无靠背，可选择站立。

2. SH1B：下肢无功能但坐位平衡好，低背椅子，椅背高度为（C7-坐面高度）40%。

3. SH1C：下肢无功能或躯干功能差，高背椅子，椅背高度在腋窝下10cm。

（二）SH2级

1. SH2A：躯干功能好，单或双上肢有功能障碍，椅子无靠背，可选择站立。

2. SH2B：下肢有严重功能障碍，但躯干功能好，低背椅子。

3. SH2C：下肢有严重功能障碍，躯干功能差，高背椅子。

五、残奥飞碟项目分级标准

（一）SG-S级

1. 此级别运动员下肢和/或躯干功能受损，导致躯干稳定性和平衡能力差，需采取坐姿射击。

2. 最低损伤标准

（1）一侧下肢肌力减少12分，或双侧下肢肌力减少16分；

（2）双侧踝关节以上截肢；

（3）双下肢肢体缺失。

3. 此级别运动员必须使用轮椅或高凳参加比赛。

4. 运动员背部必须靠在轮椅靠背上，允许使用绑带。在整个射击过程中，运动员臀部不得抬离轮椅坐垫。

5. 运动员的脚必须放置在轮椅踏板上，不能放在地面上，除标准轮椅结构所提供的支撑外，不得利用其他辅助支撑。

6. 使用高凳比赛的运动员，双脚必须垂直于高凳平面。由于疾病原因达不到要求者，需由分级员在分级卡上进行备注。在整个射击过程中，运动员臀部不得抬离坐凳。

7. 运动员在射击时，必须保持坐姿。

（二）SG-L级

1. 此级别运动员下肢功能受损，躯干功能和平衡性好，使用站姿射击。

2. 最低损伤标准

（1）双侧下肢肌力减少12分；

（2）单侧踝关节以上截肢；

（3）至少一个下肢肢体缺失畸形；

（4）双下肢长度至少相差7cm。

3. 射击时不准使用高凳以及其他任何器具和设备。

（三）SG-U级

1. 此级别运动员躯干功能好，一侧上肢功能受限，使用站姿射击。

2. 最低损伤标准

（1）非持枪上肢肌力减少10分；

（2）非持枪上肢腕关节以上截肢；

（3）非持枪上肢腕关节部分缺失肢体畸形；

（4）肩关节内收或屈曲在0~90度活动范围受限，肘关节屈曲在0~90度范围内受限。

3. 运动员持枪手或双侧上肢功能受限，并导致以下结果者，不符合飞碟项目最低参赛标准。

（1）在射击时不能安全地持枪（允许使用假肢）；

（2）不能安全地填装子弹（出于安全考虑，除非使用符合世界残奥射击委员会技术规定的改装装填装置，不允许单手填装子弹）。

4. 射击时不准使用高凳以及其他任何器具和设备。

注：上、下肢功能均受损的运动员，如上肢损伤符合SG–U级最低损伤标准，则被分为SG–U级；如上肢损伤未达到SG–U级最低损伤标准，下肢损伤达到SU–L级标准，则被分为SG–L级。

第十二章 残疾人坐式排球分级规则

第一节
残疾人坐式排球比赛概况

一、历史发展沿革

坐式排球运动最早于 1956 年在荷兰出现，是专为双下肢残疾的人设计的一种坐在地面上打的排球活动。1980 年，男子坐式排球第一次作为正式比赛项目进入残奥会。1994 年 9 月在北京第六届远南伤残人运动会上，我国首次举行了坐式排球比赛。2004 年 9 月 17—27 日，在希腊雅典举行的第十二届残奥会上，首次将女子坐式排球列为正式比赛项目。中国坐式排球女队在雅典发扬自信自强、顽强拼搏的精神，以七战全胜的成绩赢得第十二届残奥会冠军，荣获了残奥会历史上第一枚女子坐式排球比赛的金牌。

二、分级概况

坐式排球分级规则由国际残疾人排球联合会（World Para Volley，WPV）制定。2018 年 1 月 1 日起实施的新分级规则共设置了 VS1、VS2 这两个级别，残疾类别包括截肢、被动关节活动度损伤、肌力损伤等。所有参加分级的运动员需准备相关医学证明和支持材料，要求提供相关原件和英文翻译件，包括病史、诊断证明、目前的身体残疾状况及影像资料。

第二节
残疾人坐式排球分级规则

一、损伤类别

残疾人坐式排球运动员必须符合 IPC 所规定的肢体残疾损伤类别的其中一种。损伤类别见表 12–1。

表12-1　残疾人坐式排球运动员损伤类别

损伤类别	导致损伤的原因
肌张力增高	脑瘫、创伤性脑损伤和中风
共济失调	脑瘫、创伤性脑损伤、中风和多发性硬化症
手足徐动	脑瘫、创伤性脑损伤和中风
肌力损伤	脊髓损伤（完全或不完全，四肢瘫或截瘫）、肌营养不良、脊髓灰质炎和脊柱裂
被动关节活动度损伤	慢性关节疾病或创伤致关节弯曲和挛缩，导致被动关节活动度损伤
肢体缺失	创伤性截肢、因疾病导致的截肢（如骨肿瘤），或先天性肢体短小或缺失
双下肢不等长	肢体发育异常和先天性或外伤性肢体发育障碍，导致下肢不等长

二、各级别分级标准

（一）VS1级

1. 截肢

（1）下肢截肢：通过踝关节（无跟骨）或踝关节以上截肢。

（2）上肢截肢

① 单手掌指关节或以上 5 个手指全截肢（4 个手指和拇指全部缺失）；

② 双手任意 8 个手指截肢；

③ 双手前 3 个手指截肢（拇指、食指和中指）。

（3）单侧肢体畸形，从肩峰到最长手指指尖的长度比健侧短缩超过33%及以上。

2. 被动关节活动度损伤

（1）下肢被动关节活动度损伤

① 髋关节任何位置的僵直；

② 膝关节屈曲范围不大于 45 度；

③ 膝关节任何位置的僵直。

（2）上肢被动关节活动度损伤

① 双侧肩关节屈曲或外展不大于 90 度；

② 肘关节伸展至少减少 90 度；

③ 在屈曲 90 度范围内，肘关节任何位置的僵直；

④ 从中立位到掌屈位，腕关节任何位置的僵直（腕关节从中立位到掌屈位的活动范围小于 5 度）。

3. 肌力受损

（1）下肢肌力受损：双下肢肌力至少减少16分。

（2）上肢肌力受损

① 单侧上肢肌力至少减少 25 分；

② 单侧肩关节屈曲、伸展、内收、外展肌力减少 20 分。

4. 双下肢不等长：双下肢长度差在32%以上。

5. 肌张力增高、手足徐动、共济失调：为CPISRA分级级别中的CP7或更重级别的残疾。

（二）VS2级

1. 截肢

（1）下肢截肢及类似的肢体先天畸形

① 完全性单侧或双侧跖跗关节截肢，或类似的先天畸形；

② 单侧先天畸形患足长度不长于健侧的 50%，健足测量时从拇趾尖到跟骨后部。

（2）上肢截肢及类似的肢体先天畸形

① 单侧任意 4 个手指掌指关节的截肢（拇指或其他手指）；

② 单手前 3 个手指掌指关节的截肢（拇指、食指和中指）；

③ 双手拇指截肢；

④ 双手食指和中指截肢。

（3）单侧肢体先天畸形，从肩峰到最长手指指尖的长度比健侧短缩在25%~32%。

2. 被动关节活动度损伤

（1）下肢被动关节活动度损伤

① 髋关节屈曲至少减少 30 度；

② 膝关节屈曲至少减少 45 度；

③ 踝关节任何位置的僵直（踝关节跖屈和背伸的活动范围不大于 5 度）。

（2）上肢被动关节活动度损伤

① 肩关节屈曲或外展不大于 90 度；

② 肘关节伸展至少减少 45 度；

③ 从中立位到背屈位，腕关节任何位置的僵直（从中立位到背屈位，腕关节活动范围小于 5 度）；

④ 单侧手指僵直或无功能。

3. 肌力受损

（1）下肢肌力受损：双下肢肌力减少7~15分（双下肢满分为80分）。

（2）上肢肌力受损

① 肩关节屈曲肌力减少 3 分；

② 肘关节屈曲肌力减少 3 分；

③ 单侧上肢肌力减少 15~24 分（单侧上肢满分为 70 分）。

4. 双下肢不等长：双下肢长度差在7%~32%。

5. 肌张力增高、手足徐动、共济失调：为CPISRA分级级别中的CP8级。

>

第十三章
残疾人游泳分级规则

第一节
残疾人游泳比赛概况

一、历史发展沿革

游泳是最早被列入残奥会的八个项目之一，在1960年罗马举行的第一届残奥会上，游泳就被列为正式比赛项目。当然，随着游泳运动的发展和人们对残疾人游泳认识的加深，项目设置也将不断进行调整和改变，以便更适合残疾人参与比赛。

二、分级概况

残疾人游泳分级规则由世界残奥游泳委员会（WPS）制定，包括肢体残疾、视力残疾、智力残疾等（以FCS功能分级系统为依据）。

表13-1　残疾人游泳级别设置

肢体残疾			视力残疾	智力残疾	听力残疾
(自由泳、仰泳、蝶泳) S1–10	蛙泳 SB1–9	混合泳 SM1–10	S11–13	S14	S15

注：S15为国内残疾人竞赛代码。

肢体残疾功能评估项目包括陆上肢体评估、水中技术评估、赛中观察评估。

视力残疾运动员游进过程中，在转身和触壁环节，有教练员在运动员即将到达池壁前，用特殊的提示棒进行提示。

听力残疾运动员在出发时会看裁判员挥旗出发。

所有运动员在分级过程中，除了自由泳之外，均要由分级员标注例外。

第二节 残疾人游泳分级规则

一、损伤类别

残疾人游泳运动员必须符合 IPC 所规定的肢体残疾损伤类别的其中一种，或视力残疾、智力残疾、听力残疾，而且损伤必须是永久性损伤。损伤类别见表 13–2。

表13-2　残疾人游泳运动员损伤类别

损伤类别	导致损伤的原因
肌张力增高	脑瘫、创伤性脑损伤和中风
共济失调	脑瘫、创伤性脑损伤、中风和多发性硬化症
手足徐动	脑瘫、创伤性脑损伤和中风
肌力损伤	脊髓损伤（完全或不完全，四肢瘫或截瘫）、肌营养不良、脊髓灰质炎和脊柱裂
被动关节活动度损伤	慢性关节疾病或创伤致关节弯曲和挛缩，导致被动关节活动度损伤
肢体缺失	创伤性截肢、因疾病导致的截肢（如骨肿瘤），或先天性肢体短小或缺失
双下肢不等长	肢体发育异常和先天性或外伤性肢体发育障碍，导致下肢不等长
身材矮小	软骨发育不全、生长激素分泌障碍及成骨不全
视力残疾	创伤或先天及后天疾病导致的视力及视野损伤
智力残疾	先天及后天疾病导致的智力损伤
听力残疾	先天及后天疾病导致的听力损伤

二、最低损伤标准（MIC）

（一）残疾人游泳比赛最低损伤标准有以下规定

1. 陆上肢体评估最少减去 15 分；

2. 水中技术评估最少减去 15 分（含入水转身）；

3. 双下肢长度至少相差 20cm；

4. 身材矮小：女性身高小于等于 137cm；男性身高小于等于 145cm。

（二）视力残疾、智力残疾、听力残疾最低损伤标准参见相关损伤类型分级标准。

三、各级别分级标准

分级标准分为肢体残疾运动员分级标准、视力残疾运动员分级标准、智力残疾运动员分级标准、听力残疾运动员分级标准四大类。

（一）肢体残疾运动员分级标准

1.级别和分值的关系

肢体残疾游泳运动员分级按照 FCS 系统打分制原则进行，对运动员出发、转身、陆地打分、水中测试进行相应的评估。陆地及水中功能表现分值主要由上肢、躯干、下肢功能表现构成，蝶、仰、自三种泳姿总分为 300 分，蛙泳总分为 290 分，级别与分值的对应关系见表 13–3。

表13-3　肢体残疾游泳运动员级别与分值对应表

级别	分值	级别	分值
S1	≤65	SB1	≤65
S2	66~90	SB2	66~90
S3	91~115	SB3	91~115
S4	116~140	SB4	116~140
S5	141~165	SB5	141~165

续表

级别	分值	级别	分值
S6[a]	166~190	SB6[a]	166~190
S7[b]	191~215	SB7[b]	191~215
S8	216~240	SB8	216~240
S9	241~265	SB9	241~275
S10	266~285	–	–

注：a. S6/SB6也包含肢体短小的运动员；
b. S7/SB7也包含肢体短小的运动员。

混合泳的级别根据运动者的S级别和SB级别标准推算出来，分为以下两种情况：

（1）S级别为1~4级：SM=（2S+SB）÷3

如S为3级，SB为2级，则其M为3级。其算法为（2×S3+1×SB2）÷3=2.66≈3。

（2）S级别为5~10级：SM=（3S+SB）÷4

如S为8级，SB为7级，则其M为8级。其算法为（3×S8+1×SB7）÷4=7.75≈8。

2. 分值的分布

表13-4　残疾人游泳运动员肢体分级分值分布表

	S	SB
上肢	130（少腕尺偏）	110（少肩伸、肩外旋、腕伸）
躯干	50	40（少旋转）
下肢	100（少髋外展、髋外旋）	120
入水	10	10
转身	10	10
总分	300	290

3. 陆上评估

表13-5　肢体残疾游泳运动员评估部位和位置

	S	SB
肩	屈、伸、内收、内旋、外旋	屈、内收、内旋
肘	屈、伸、旋前	屈、伸、旋前
腕	屈、伸、尺偏	屈、尺偏
手	屈、伸、内收	屈、伸、内收
躯干	上屈伸、下屈伸、旋转	上屈伸、下屈伸
髋	屈、伸、内收、内旋	屈、伸、外展、内收、内旋、外旋
膝	屈、伸	屈、伸
踝	屈、伸、内翻、外翻	屈、伸、内翻、外翻

4. 躯干肌力评估

表13-6　躯干肌力评估

躯干上部屈曲	5分	手放头后，肩胛骨离开床面
	4分	手交叉放胸前，肩胛骨离开床面
	3分	手前伸，肩胛骨离开床面
	2分	手前伸，肩胛骨无法离开床面
躯干下部屈曲	5分	手放头后，整个躯干离开床面
	4分	手放胸前，整个躯干离开床面
	3分	手前伸，肩胛骨离开床面，但下胸椎无法离开床面
	2分	头抬起，肩胛骨无法离开床面
躯干上部伸展	5分	手放头后，固定大腿，头、肩、胸离开床面能稳住
	4分	手放头后，头、肩、胸离开床面但无法稳住
	3分	手放两侧，头、肩、胸离开床面
	2分	手放两侧，腹部及下胸部无法离开床面
躯干下部伸展	5分	手放头后，头、肩、胸、上腹部离开床面能稳住
	4分	手放头后，头、肩、胸、上腹部离开床面无法稳住
	3分	手放两侧，头、肩、胸、上腹部离开床面
	2分	手放两侧，胸部部分无法离开床面

续表

躯干旋转	5分	手放头后，整个躯干离开床面
	4分	手交叉放胸前，整个躯干离开床面
	3分	手前伸，整个躯干离开床面
	2分	手前伸，肩胛骨无法离开床面

5. 协调性标准

表13-7　功能协调评分标准（痉挛、手足徐动、共济失调）

0	功能性运动完全丧失
1	非常严重的肌张力增高、僵直和/或运动的协调性非常弱，有非常严重的运动范围限制
2	严重痉挛，肌张力增高、僵直和/或严重运动协调障碍，有严重的运动范围限制
3	中度痉挛，肌张力增高限制肢体运动和/或中度运动协调障碍，有中度的运动范围限制
4	轻度痉挛，肌张力轻度增高和/或轻度运动协调障碍，运动范围基本正常
5	正常

表13-8　CP躯干分值计算法

	S（分）	**SB（分）**
上肢	26×5=130	22×5=110
下肢	20×5=100	24×5=120
	（上肢总分/26+下肢总分/20）/2×10	（上肢总分/22+下肢总分/24）/2×8

6. 被动关节活动度

表13-9　被动关节活动度评分标准

分值	活动范围
0	无活动
1	1%~25%（≥1%，<25%）
2	25%~50%（≥25%，<50%）
3	50%~75%（≥50%，<75%）
4	75%~100%（≥75%，<100%）
5	正常

7. 肢体缺失

表13-10　肢体缺失测量标准

上肢	上臂	肩峰顶端—肱骨外上髁远端
	前臂	肱骨外上髁远端—桡骨茎突远端
	手掌	桡骨茎突远端—掌指关节远端
	手指	掌指关节远端—中指指尖
下肢	大腿	股骨大转子顶端—股骨外侧髁远端
	小腿	股骨外侧髁远端—外踝远端
	足	足跟—足最远端（第一或第二足趾尖）

8. 身材矮小

表13-11　身材矮小标准

	S6/SB6	**S7/SB7**
男	身高小于等于137cm	身高小于等于145cm
女	身高小于等于130cm	身高小于等于137cm

注：（1）如还有肌力或被动关节活动度损伤，达25分可向上升一级。
（2）运动员18岁前每年均须评估。

9. 双下肢长度至少相差20cm。

10. 游泳技术评估（水中评估）

（1）水中技术测试目的

① 了解运动员游泳时产生推进的能力，包括其节奏变化的能力；

② 了解运动员控制身体的能力，包括其为了保持平衡游泳和呼吸时的节奏、身体的流线形姿态、整个身体躯干控制下肢打水的能力；

③ 了解运动员肢体在水中的位置及在整个评估中维持位置的能力；

④ 评估运动员入水和转身动作。

（2）水中技术测试内容

① 评估水中安全；

② 评估运动员在不同速度时的各种泳姿及技术；

③ 评估残疾对运动员游泳的影响；

④ 评估残疾对运动员入水和转身的影响。

（3）水中安全测试

运动员必须按照要求完成以下测试：从池壁滑入水中、仰漂、俯漂、从仰卧位到俯卧位转身、任意泳姿游 50 米。能完成水中安全测试的运动员可继续参加分级，如不能完成则分级未完成，运动员不能获得级别。

（4）水中技术评估

将能完成水中安全测试的运动员分为两类：第一类，单一上肢或下肢缺失、肢体矮小、双下肢不等长的运动员；第二类，其他残疾类型的运动员。

① 第一类运动员完成身体评估后接着进行入水及转身评估，加分后评定级别及级别状态（R–NAO、R–FRD、C 或 OA），并标出例外情况。

② 第二类运动员完成身体评估后接着进行入水及转身评估，完成以下技术动作，分级员给出技术评估分加上出发及转身分，根据得分给予运动员运动级别及级别状态，并标出例外情况：100 米自由泳（50 米匀速、50 米加速）、50 米自由泳打腿、100 米仰泳（50 米匀速、50 米加速）、50 米仰泳打腿、100 米蛙泳（50 米匀速、50 米加速）、50 米蛙泳打腿、50 米蝶泳（25 米匀速、25 米加速）、50 米蝶泳打腿和划水。

③ 特定水中技术评估

肌张力增高、共济失调及手足徐动的运动员，匀速游 6×50 米，间隔 20 秒，速度由分级组决定（60%），分级员给出技术评估分，加上出发及转身分，根据得分给予运动员运动级别及级别状态，并标出例外情况。

（5）上下肢评估（权重分值）

表13-12　上下肢评估（权重分值）

0	上肢无功能运动，下肢无控制，水中位置非常低，拖曳
1	关节功能活动度极度严重受限；有非常轻微的协调动作；仅不自主运动，无推进能力（手足徐动、共济失调）；无有效运功；微量平衡及稳定，位于水下，无控制
2	关节功能活动度严重受限；有严重协调问题；轻度肌力；平衡及稳定性差，稍位于水下，有控制
3	关节功能活动度中度受限；加速有中度协调问题；中度肌力丧失，能动不连贯；平衡及稳定性一般，肢体在水平面呈流线形，不能完全控制
4	关节功能活动度轻度受限；加速有轻度协调问题；轻度肌力丧失，能动不连贯；中度平衡及稳定，肢体呈流线形，几乎完全控制
5	功能完全正常

（6）躯干评估（权重分值）

表13-13　躯干评估（权重分值）

0	无控制；无平衡及稳定
1	轻度控制；轻微平衡及稳定，位于水下无控制
2	控制受限；平衡及稳定性差，稍位于水下，有控制
3	中度控制受限；平衡及稳定性一般，位置和水平面一致
4	轻度躯干控制受限；中度平衡及稳定
5	躯干完全控制；平衡及稳定性功能正常

（7）肢体各部位计分系数

表13-14　肢体各部位计分系数

		S		SB	
上肢总分 S130 SB110	肩	5	屈、伸、内收、内旋、外旋	3	屈、内收、内旋
	肘	3	屈、伸、旋前	3	屈、伸、旋前
	腕	2	屈、伸	2	屈、尺偏
	手	3	屈、伸、内收	3	屈、伸、内收
躯干总分 S50 SB40	上躯干	2	屈、伸	2	屈、伸
	下躯干	2	屈、伸	2	屈、伸
	旋转	1	旋转	–	–
下肢总分 S100 SB120	髋	4	屈、伸、内收、内旋	6	屈、伸、外展、内收、内旋、外旋
	膝	2	屈、伸	2	屈、伸
	踝	4	屈、伸、内翻、外翻	4	屈、伸、内翻、外翻

（8）入水动作（S和SB）评分标准

表13-15　入水动作（S和SB）评分标准

0	水中出发，有助手；不能抓、站和坐
1	水中出发，无助手；不能抓、站和坐
2	从坐位落入水中
3	单下肢入水，动作很小；或双下肢入水，动作很小，且单或双上肢无功能
4	双腿起跳入水，动作很小
5	单下肢入水差—满意
6	双下肢入水差—满意
7	双侧上肢无功能或肘关节以上截肢者起跳入水；或单下肢入水好且单上肢无功能
8	单下肢入水功能好
9	双腿入水功能好且单上肢无完全功能

（9）推离动作（S和SB）评分标准

表13-16　推离动作（S和SB）评分标准

0	无推离动作
1	仅单上肢单一推离动作
2	仅单下肢单一推离动作
3	单下肢很小的推离动作
4	双侧下肢很小的推离动作
5	单下肢动作差—满意
6	双侧下肢动作差—满意
7	转身双侧上肢无功能或肘关节以上截肢者
8	单下肢推离动作好
9	双侧下肢推离动作好和转身单上肢无功能

（10）例外代码

表13-17　出发

代码	信息
H	听力有问题，需要灯光或信号
Y	出发需要辅助设备（仰泳需毛巾）
E	仰泳出发不能抓握
A	需要协助（教练协助出发）
B	视力低下
T	转身触壁前轻触提示

表13-18　游进中

1	单手出发（仰泳）
2	单手触壁（蛙泳）
3	双臂有意图同时触壁（蛙泳）
4	单手触壁（蝶泳）

续表

5	双臂有意图同时触壁（蝶泳）
7	躯干上部必须触壁（蝶泳）
8	右脚必须外翻
9	左脚必须外翻
12	下肢拖带或者显示有意图的打腿
+	应允许做蝶泳打腿动作（蛙泳蹬腿属违规动作）

自由泳——无例外

仰泳——仅 1

蝶泳——仅 4、5、7

蛙泳——仅 2、3、7、8、9、12、+

当陆地评估结果和水中技术评估结果不一致时：

① 优先考虑水中技术评估结果，以水中评估的权重分值乘以所评估部位系数为准；

② 分级组可重复进行陆上及水中评估（局部或全部）。

（二）视力残疾运动员分级标准

三种泳姿均分为三个级别，即 S11SB11SM11、S12SB12SM12、S13SB13SM13。参见“视力残疾分级规则”一章。

（三）智力残疾运动员分级标准

三种泳姿均分为一个级别，即 S14SB14SM14。参见“智力残疾分级规则”一章。

（四）听力残疾运动员分级标准

三种泳姿均分为一个级别，即 S15SB15SM15。参见“听力残疾分级规则”一章。

> 第十四章

残疾人乒乓球分级规则

第一节
残疾人乒乓球比赛概况

一、历史发展沿革

第一个残疾人乒乓球小组委员会于20世纪70年代在国际斯托克·曼德维尔运动联合会成立，当时只是组织开展以脊髓损伤患者为主的乒乓球比赛。直到1976年，残奥会乒乓球项目增加了截肢和其他类似的残疾类型，1980年的残奥会增加了脑瘫类型，后来在1982年第一届世界锦标赛中出现了所有为残疾人提供的比赛类型。目前，肢体残疾、智力残疾的运动员可以参加残奥会的乒乓球比赛。我国在全国残疾人乒乓球锦标赛和全国残疾人运动会乒乓球比赛中还设了听力残疾组的比赛。

二、分级概况

残疾人乒乓球分级规则由国际乒乓球联合会（ITTF）下设的国际残奥乒乓球委员会（IPTTF）来制定并由其组织实施分级。为了使比赛公平，按照运动员肢体活动范围、肌肉力量、运动限制及在轮椅上的平衡和操控球拍的能力进行分级。肢体残疾按照残疾程度共分为十个级别，即TT1–TT10级（TT为乒乓球的英文单词Table Tennis的首字母组合），其中TT1–TT5为轮椅组，TT6–TT10为站立组。智力残疾分为一个级别。

表14-1　残疾人乒乓球级别设置

坐姿	站姿	智力残疾	听力残疾
TT1–TT5	TT6–TT10	TT11	TT13

注：TT13为国内残疾人竞赛代码。

第二节 残疾人乒乓球分级规则

一、损伤类别

肢体残疾乒乓球运动员必须符合 IPC 所规定的肢体残疾损伤类别的其中一种，或智力残疾、听力残疾，而且损伤必须是永久性损伤。损伤类别见表 14–2。

表14-2　残疾人乒乓球运动员损伤类别

损伤类别	导致损伤的原因
肌张力增高	脑瘫、创伤性脑损伤和中风
共济失调	脑瘫、创伤性脑损伤、中风和多发性硬化症
手足徐动	脑瘫、创伤性脑损伤和中风
肌力损伤	脊髓损伤（完全或不完全，四肢瘫或截瘫）、肌营养不良、脊髓灰质炎和脊柱裂
被动关节活动度损伤	慢性关节疾病或创伤致关节弯曲和挛缩，导致被动关节活动度损伤
肢体缺失	创伤性截肢、因疾病导致的截肢（如骨肿瘤），或先天性肢体短小或缺失
双下肢不等长	肢体发育异常和先天性或外伤性肢体发育障碍，导致下肢不等长

续表

损伤类别	导致损伤的原因
身材矮小	软骨发育不全、生长激素分泌障碍及成骨不全
视力残疾	创伤或先天及后天疾病导致的视力及视野损伤
智力残疾	先天及后天疾病导致的智力损伤
听力残疾	先天及后天疾病导致的听力损伤

二、各级别分级标准

分级标准分为肢体残疾运动员分级标准、智力残疾运动员分级标准、听力残疾运动员分级标准三大类。

（一）肢体残疾运动员分级标准

1. TT1级

无坐位平衡，执拍上肢功能严重受限，表现为：

（1）抓握功能非常差，屈腕功能差，三头肌无功能，不能伸肘；

（2）颈和肩功能正常；

（3）非执拍手需维持躯干平衡。

功能类似于：

（1）颈5或以上的脊髓损伤；

（2）功能严重丧失的脊髓灰质炎后遗症，通过部分躯干功能，尤其是旋转，代偿肩关节功能丧失；

（3）脑瘫，平衡差，上肢协调性明显受限；

（4）其他类似残疾。

2. TT2级

无坐位平衡，执拍上肢功能受限，表现为：

（1）手无正常功能；

（2）伸肘肌力4~5级；

（3）非执拍手需辅助保持躯干平衡。

功能类似于：

（1）颈6–颈7的脊髓损伤；

（2）脊髓灰质炎后遗症，躯干无功能，手功能差；

（3）脑瘫，功能受限情况好于TT1级；

（4）其他类似残疾。

3. TT3级

躯干上部有部分功能，但无坐位平衡；上肢功能虽正常，但执拍手有轻微的运动功能障碍，对乒乓球技术无明显影响，非执拍手需辅助保持躯干平衡。

功能类似于：

（1）颈8–胸8的脊髓损伤；

（2）脊髓灰质炎后遗症，无正常上肢功能，无坐位平衡；执拍手和/或非执拍手的功能受限，可通过躯干功能来代偿；

（3）脑瘫，躯干功能受限，双上肢运动速度和协调性接近正常；

（4）其他类似残疾。

4. TT4级

由于骨盆不稳定，坐位平衡略受影响。坐位平衡的程度与腹肌和背肌功能状况有关，如上腹及上背部肌力好，则躯干功能仅有旋转功能受影响。前屈肌功能好可导致腰前凸畸形，侧屈肌力好会导致脊柱侧弯。

功能类似于：

（1）胸8–腰2的脊髓损伤；

（2）功能类似的脊髓灰质炎后遗症或骨关节疾病；

（3）脑瘫，功能受限情况好于TT3级。

5. TT5级

躯干功能正常，因腿部肌肉功能较好，骨盆稳定性好，坐位支撑面积更大，运动员可以前屈和侧弯，腰部曲度正常。运动员至少须符合以下条件之一：

（1）不用拐杖不能站立和/或行走；

（2）无论是否使用辅具，均不能正常行走；

（3）不能侧步移动。

功能类似于：

（1）腰1–骶2的脊髓损伤；

（2）除非有特殊医疗情况，一侧膝关节以上截肢，残端不长于1/3，或类似的肢体畸形；

（3）一侧膝关节以上，一侧膝关节以下截肢，或类似的肢体畸形。

6. TT6级

严重的上肢和下肢损伤

（1）严重的脑瘫、偏瘫，执拍手功能受累；

（2）严重的脑瘫、双肢瘫，执拍手功能受累；

（3）严重的脑瘫、手足徐动，不自主的异常动作，平衡差，运动差；

（4）执拍手截肢合并下肢截肢；双上肢截肢合并下肢截肢，或类似的肢体畸形；

（5）双膝上截肢，残端较长；

（6）一侧膝关节以上截肢合并一侧膝关节以下截肢，残端较短；

（7）执拍手合并下肢关节挛缩，或双上肢合并下肢关节挛缩；

（8）肢体和躯干肌肉萎缩或其他类似神经肌肉的病变；

（9）类似上述功能障碍的不完全性脊髓损伤；

（10）需用嘴咬住球拍打球；

（11）其他类似残疾。

7. TT7级

非常严重的下肢损伤（动静态平衡差）

（1）严重的双下肢脊髓灰质炎后遗症；

（2）一侧膝关节以上截肢合并一侧膝关节以下截肢，残端较长；

（3）类似上述功能障碍的不完全性脊髓损伤；

（4）一侧髋关节离断；一侧膝关节以上截肢，残端不长于1/4，仅靠单侧下肢比赛；

（5）单侧膝关节以上截肢，残端短于1/5，可戴假肢。

重度执拍手损伤

（1）执拍手肘上截肢，或双上肢截肢；

（2）单侧肘关节以下截肢，残肢不长于前臂的1/4；

（3）上肢关节挛缩；

（4）类似的短肢畸形。

中度偏瘫或双肢瘫，执拍手功能受累

（1）执拍手轻度受累，下肢中度受累；

（2）执拍手中度受累，下肢轻度受累。

重度偏瘫或双肢瘫，执拍手功能好

（1）执拍手功能基本正常，下肢重度受累；

（2）上、下肢功能障碍，功能受限情况好于TT6级；

（3）其他类似残疾。

8. TT8级

中度下肢损伤

（1）单侧下肢无功能：单侧下肢脊髓灰质炎后遗症；单侧膝关节以上截肢；髋和膝关节僵直；髋关节脱位伴明显下肢短缩；

（2）双下肢中度受累：脊髓灰质炎后遗症；双侧膝关节以下截肢；不完全性脊髓损伤，骶1平面的脊柱裂；双侧膝关节僵直根据其功能不同，在TT7或TT8级。

执拍手中度损伤

（1）单侧肘关节以下截肢，残端长于1/3，但腕关节无功能；

（2）肘关节僵直在功能位（包括肘关节屈、伸、内旋、外旋）；

（3）肩关节活动范围严重受限（几乎僵直）；

（4）执拍手中度关节挛缩。

中度偏瘫或双肢瘫，执拍手功能好

（1）执拍手功能基本正常，下肢中度受累；

（2）其他类似残疾。

9. TT9级

下肢轻度残疾

下肢脊髓灰质炎后遗症，功能较好；单侧膝关节以下截肢；髋关节僵直；膝关节僵直；髋关节被动活动度严重损伤；膝关节被动活动度严重损伤。

执拍手轻度残疾

手掌或手指的截肢，无抓握功能；腕和手僵直，手无抓握功能；肘关节被动活动度中度损伤；肩关节被动活动度中度损伤。

非执拍手的重度残疾

通过肩关节的截肢；臂丛神经完全损伤，至上肢完全瘫。

轻度的偏瘫或单肢瘫

（1）执拍手几乎正常，下肢轻微受累；

（2）其他类似残疾。

10. TT10级

肌力损伤

（1）执拍手：手部肌力损伤，对乒乓球运动有影响，如抓握、力量和运动功能受限；

（2）非执拍手：非执拍上肢肌力损伤，有部分功能，肌力减少30分，如臂丛神经损伤；

（3）下肢：一侧下肢肌力减少10分，双侧下肢肌力减少10分不符合最低损伤标准。

肢体缺失

（1）执拍手：无名指和小指6个指节的截肢；食指和中指5个指节的截肢；拇指两个指节和第一掌指关节截肢，影响握拍；

（2）非执拍手：单侧肘关节下截肢，残端短于尺骨的2/3，或类似的先天畸形；

（3）下肢：通过所有跖骨的前足截肢（至少前足的1/3），或类似的先天畸形。

双下肢不等长

双下肢长度至少相差 7cm。

身材矮小

男子身高小于等于 140cm，女子身高小于等于 137cm。身材矮小运动员一般在 TT10 级，如伴有其他残疾，可分在较重一级的级别。如单膝下截肢运动员应在 TT9 级，而单膝下截肢的身材矮小运动员分在 TT8 级。

（二）智力残疾运动员分级标准

参见“智力残疾分级规则”一章。

（三）听力残疾运动员分级标准

参见“听力残疾分级规则”一章。

>

第十五章

残疾人跆拳道分级规则

第一节 残疾人跆拳道比赛概况

一、历史发展沿革

跆拳道项目是残疾人体育比赛的新兴项目。2005 年世界跆拳道联盟（WTF）成立残疾人跆拳道委员会，开始发展和促进残疾人跆拳道运动。最初只是肢体残疾人，主要是上肢截肢的残疾人参加竞技性的跆拳道训练。2015 年 1 月 30 日，国际残奥委员会宣布跆拳道“竞技”（Kyorugi）成为 2020 年东京残奥会正式比赛项目。

我国的残疾人跆拳道运动在近几年开始发展，在 2016 年、2017 年连续两年开展了残疾人跆拳道训练营，2018 年在山东青岛举办了全国残疾人跆拳道锦标赛，山东、湖南、甘肃、浙江、北京、江苏、辽宁、江西、天津、内蒙古选派运动员参加了“竞技”和“品势”比赛。随着跆拳道项目加入残奥会，会有越来越多的残疾人喜欢和加入跆拳道运动，我国的残疾人跆拳道运动必将快速发展。

二、分级概述

跆拳道分级由 WTF 制定。随着跆拳道运动的发展，分级规则也不断地修改和完善。不同的残疾类别都有各自的分级标准。参加“竞技”的残疾人运动员级别代码为 K，参加“品势”的残疾人运动员级别代码为 P。

表15-1　残疾人跆拳道分级代码

损伤类别	级别代码
视力残疾	P10
智力残疾	P20
神经损伤	P30
肢体损伤	K40、P40
轮椅级别	P50
听力残疾	K60、P60
身材矮小	P70

第二节
残疾人跆拳道分级规则

一、损伤类别

残疾人跆拳道运动员必须符合 IPC 所规定的肢体残疾损伤类别的其中一种，或视力残疾、智力残疾、听力残疾，而且损伤必须是永久性损伤。损伤类别见表 15–2。

表15-2　残疾人跆拳道运动员损伤类别

损伤类别	导致损伤的原因
肌张力增高	脑瘫、创伤性脑损伤和中风
共济失调	脑瘫、创伤性脑损伤、中风和多发性硬化症
手足徐动	脑瘫、创伤性脑损伤和中风
肌力损伤	脊髓损伤（完全或不完全，四肢瘫或截瘫）、肌营养不良、脊髓灰质炎和脊柱裂

续表

损伤类别	导致损伤的原因
被动关节活动度损伤	慢性关节疾病或创伤致关节弯曲和挛缩，导致被动关节活动度损伤
肢体缺失	创伤性截肢、因疾病导致的截肢（如骨肿瘤），或先天性肢体短小或缺失
双下肢不等长	肢体发育异常和先天性或外伤性肢体发育障碍，导致下肢不等长
身材矮小	软骨发育不全、生长激素分泌障碍及成骨不全
视力残疾	创伤或先天及后天疾病导致的视力及视野损伤
智力残疾	先天及后天疾病导致的智力损伤
听力残疾	先天及后天疾病导致的听力损伤

二、最低损伤标准（MIC）

残疾人跆拳道运动员必须符合 IPC 所规定的肢体残疾损伤类别的其中一种，或视力残疾、听力残疾、智力残疾的最低损伤标准。最低损伤标准见表 15-3。

表15-3 残疾人跆拳道运动员的最低损伤标准

损伤类别	最低损伤标准
肌力损伤	踝关节跖屈肌力小于3级（踝关节跖屈小于25度）； 臂丛神经损伤，肩关节外展和屈曲肌力小于3级； 肘关节屈曲和伸展肌力小于4级
被动关节活动度损伤	上肢：肘关节完全固定； 下肢：踝关节完全融合/挛缩或背屈小于等于10度
肢体缺失	上肢：单侧通过腕关节及腕关节以上截肢； 下肢：单侧通过跗跖关节截肢； 下肢：单侧下肢所有足趾或第二到第五趾跖趾关节以上截肢
双下肢不等长	双下肢长度至少相差7cm

续表

损伤类别	最低损伤标准
肌张力增高	主要关节痉挛1~2级； 伴有明显的神经体征：单侧或双侧霍夫曼/巴宾斯基征阳性；明显腱反射亢进，或双下肢腱反射明显不对称
共济失调	轻度共济失调（SARA评分在2~8）
手足徐动	单侧或双侧偶有轻度或有轻度的手足徐动体征
身材矮小	男：身高小于等于130cm，臂长小于等于59cm，身高加臂长小于等于180cm 女：身高小于等于125cm，臂长小于等于57cm，身高加臂长小于等于173cm
视力残疾	参见视力残疾分级规则
智力残疾	参见智力残疾分级规则
听力残疾	参见听力残疾分级规则

三、各级别分级标准

分级标准分为肢体残疾运动员分级标准、视力残疾运动员分级标准、智力残疾运动员分级标准、听力残疾运动员分级标准四大类。

（一）肢体残疾运动员分级标准

1. P31级

（1）损伤分型：痉挛、肌张力障碍、手足徐动、共济失调或混合型（如为混合型，至少有两个肢体中度受累）；

（2）肢体受累数量：四个肢体受累；

（3）影响程度：中度受累。

2. P32级

（1）损伤分型：痉挛、肌张力障碍、手足徐动、共济失调或混合型（如为混合型，至少有两个肢体中度受累）；

（2）肢体受累数量：三个肢体受累；

（3）影响程度：中度受累。

3. P33级

（1）损伤分型：痉挛、肌张力障碍、手足徐动、共济失调或混合型（如为混合型，至少有一个肢体中度受累）；

（2）肢体受累数量：二、三或四个肢体受累；

（3）影响程度：中度受累。

4. P34级

（1）损伤分型：痉挛、手足徐动或共济失调（无肌张力障碍）；

（2）肢体受累数量：二、三或四个肢体受累；

（3）影响程度：轻度受累。

注：如运动员腕关节或踝关节有肌张力障碍，根据受累程度，分到其他级别（P31、P32、P33、P35）。

5. P35级

（1）损伤分型：痉挛、肌张力障碍、手足徐动或共济失调；

（2）肢体受累数量：一个肢体受累；

（3）影响程度：轻度或中度受累。

6. K41级

（1）双侧肘关节及以上截肢（无肘关节残留）。

（2）双侧上肢畸形，每侧上肢长度均不长于0.193倍站高。

7. K44级

（1）肢体缺失

① 单侧上肢腕关节及以上截肢（无腕骨残留）；单侧畸形的上肢从肩峰至最长手指尖的长度不长于健侧肱骨和桡骨长度之和。

注：单纯的腕关节固定（融合）不符合最低损伤标准。

② 双侧腕关节及以上、肘关节以下截肢（无腕骨残留）；双侧上肢畸形，每侧上肢长度不超过 0.337 倍站高。

（2）肌力受损

① 肩关节外展和/或屈曲肌力损失 3 分。

② 肘关节伸展和/或屈曲肌力损失 2 分。

（3）关节活动度损伤

关节融合或僵直导致的肘关节屈曲挛缩或关节僵直；测量时将患侧肘关节被动伸到最大长度，患侧从肩峰到最长手指尖或末端的长度不大于健侧从肩峰到桡骨茎突的长度。

8. P41级

（1）双侧肘及肘以上截肢（无肘关节残留），双侧上肢均符合最低损伤标准；

（2）双上肢畸形，每侧上肢长度均不长于0.193倍站高的1/3，双侧上肢均符合最低损伤标准；

（3）双上肢肌力为0级或1级，上肢无运动，双侧上肢均符合最低损伤标准。

9. P42级

（1）双侧肘关节以下、腕关节以上截肢（无腕骨残留），双侧上肢均符合最低损伤标准；

（2）双侧上肢畸形，每侧上肢长度均不长于0.337倍站高，双侧上肢均符合最低损伤标准；

（3）双侧肘关节被动活动度损伤（如关节融合或关节僵直致肘关节挛缩），每侧上肢长度均不长于0.337倍站高，双侧上肢均符合最低损伤标准。

10. P43级

（1）单侧肘及肘以上截肢（无肘关节残留）；

（2）单侧上肢畸形，患侧上肢不长于健侧上肢（从肩峰到桡骨上端）；

（3）一侧上肢肌力为0或1级（上肢无运动）。

11. P44级

（1）单侧肘关节以下、腕关节以上截肢（无腕骨残留），腕关节固定不符合最低损伤标准；

（2）单侧畸形的上肢从肩峰至最长手指尖的长度不长于健侧肱骨和桡骨长度之和；

（3）单侧上肢关节活动度损伤（如关节融合或关节僵直致肘关节挛缩），上臂长度测量从肩峰到最长手指尖的长度不大于健侧从肩峰到桡骨茎突的长度。

注：以上符合最低损伤标准的截肢或上肢畸形运动员，选择戴假肢参赛者，必须佩戴假肢参加分级。

12. P45级

（1）双下肢长度至少相差7cm，必须穿戴矫正鞋；

（2）单侧膝上或膝下截肢，必须佩戴假肢；

（3）佩戴仿生假肢的运动员，在此级别比赛。

13. P51级

（1）上肢功能正常，腹部无功能，无坐位平衡，躯干无主动旋转，躯干上部有部分屈伸；

（2）躯干有严重的共济失调，不系绑带无法在轮椅上保持平衡。

14. P52级

（1）单侧、双侧足或足以上截肢（无跖骨残留），不允许佩戴假肢，必须使用低靠背轮椅，大腿或小腿捆绑参赛；

（2）单侧、双侧下肢畸形，脚或腿变形导致运动员无法站立，必须使用低靠背轮椅，大腿或小腿捆绑参赛；

（3）躯干和上肢功能正常，髋关节外展和/或屈曲肌力不大于3级，使用低靠背轮椅，大腿或小腿捆绑参赛；

（4）严重的痉挛、痉挛型肌张力障碍、手足徐动或共济失调，不能行走，使用低靠背轮椅，大腿或小腿捆绑参赛。

15. P53级

运动员因单侧或双侧严重的神经系统疾病被限制了行走，双下肢完整，但需要拐杖或助行器来保持平衡、行走或比赛。

16. P72级

（1）男运动员身高不超过145cm，单臂长不超过66cm，身高加单臂长不超过200cm；

（2）女运动员身高不超过137cm，单臂长不超过63cm，身高加单臂长不超过190cm。

（二）视力残疾运动员分级标准

1. P11级

视力小于 LogMAR2.6。

2. P12级

视力从 LogMAR1.5 到 LogMAR2.6，或视野半径小于 5 度；视力从 LogMAR2.6 到 LogMAR1.0，或视野半径小于 20 度。

（三）智力残疾运动员分级标准

1. P21级

（1）VIRTUS（国际智力残疾人体育联合会）分级信息汇总表II-1上的运动员直接分为P21级；

（2）智商不高于75分；

（3）智力残疾发生在22周岁以前；

（4）适应性行为、概念性技能、社会性技能、实践性技能等特定技能严重受限。

2. P22级

（1）VIRTUS分级信息汇总表II-2上的运动员直接分为P22级；

（2）智商不高于75分；

（3）智力残疾发生在22周岁以前；

（4）伴有其他健康问题，如神经、运动、感觉、心脏、呼吸等问题，如唐氏综合征等。

3. P23级

（1）VIRTUS分级信息汇总表II–3上的运动员直接分为P23级；

（2）经心理专家诊断患有自闭症的运动员。

（四）听力残疾运动员分级标准

P61级

（1）运动员双耳听力损失均大于55db（分贝）；

（2）在规定的区域内，运动员热身和比赛时不允许佩戴任何形式的助听装置。

第十六章

残疾人铁人三项分级规则

第一节
残疾人铁人三项比赛概况

一、历史发展沿革

国际铁人三项联合会（World Triathlon Para Triathlon Committee，WTPTC）致力于支持残疾人铁人三项运动的发展已有 20 多年。2016 年，铁人三项在里约残奥会上首次亮相。残疾人铁人三项比赛是专门为肢体残疾和视力残疾的运动员组织的比赛。残疾运动员可以在每个赛季参加世界铁人三项比赛的六个不同项目，包括残疾人铁人三项世界锦标赛。

我国是近几年才开始开展残疾人铁人三项运动的。2021 年，中国选手王家超在东京残奥会铁人三项男子 PTS4 组别获得第四名的好成绩，开创了我国残疾人运动员首次参加残奥会铁人三项的历史。

二、分级概况

残疾人铁人三项运动分级规则由国际铁人三项联合会制定。目前设九个级别：肢体残疾运动员设六个级别，通过身体评估和技术评估，须符合残疾人铁人三项的最低损伤标准，采用积分制和加权因子，以总分决定运动员的运动级别。具体级别设置见表 16-1。

表16-1　残疾人铁人三项级别设置

站姿组	PTS2、PTS3、PTS4、PTS5
轮椅组	PTWC1、PTWC2
视力组	PTV11、PTV12、PTV13

第二节 残疾人铁人三项分级规则

一、损伤类别

残疾人铁人三项运动员必须符合 WTPTC 所规定的肢体残疾损伤类别的其中一种，或视力残疾，而且损伤必须是永久性损伤。损伤类别见表 16–2。

表16-2　残疾人铁人三项运动员损伤类别

损伤类别	导致损伤的原因
肌力损伤	脊髓损伤（完全或不完全性、四肢瘫或截瘫）、肌营养不良、遗传性和周围神经病变、脊髓灰质炎后遗症、脊柱裂
被动关节活动度损伤	关节屈曲畸形、由于长时间的关节固定或创伤而导致的永久性关节挛缩
肢体缺失	创伤性截肢、疾病（例如因骨肿瘤截肢）或先天性肢体缺失（例如发育异常）
肌张力增高	脑瘫、创伤性脑损伤和中风
共济失调	脑瘫、创伤性脑损伤、中风和多发性硬化症
手足徐动	脑瘫、创伤性脑损伤和中风
视力残疾	可致视障的潜在疾病包含视网膜色素变性与糖尿病视网膜病变

二、肢体残疾各级别分级标准

肢体残疾损伤包括站姿和轮椅两个组别，其中站姿组分为 PTS2–5 四个级别，运动员在自行车和跑步比赛中，可以佩戴假肢或其他被授权使用的辅助设备。轮椅组分为 PTWC1–2 两个级别，运动员参加自行车比赛时使用手摇自行车，跑步比赛使用竞速轮椅。

（一）PTS5级

1. 运动员由于肢体缺失、被动关节活动度损伤、肌力损伤、肌张力增高、共济失调、手足徐动等损伤，导致轻度活动受限。

2. 包括肘关节以下畸形、马蹄内翻足、通过腕关节的截肢、轻度痉挛性脑瘫、单侧不完全性臂丛神经损伤、通过踝关节的截肢等。

3. 总分为 1092~1211.9 分。

（二）PTS4级

1. 运动员由于肢体缺失、被动关节活动度损伤、肌力损伤、肌张力增高、共济失调、手足徐动等损伤，导致中度活动受限。

2. 包括中度痉挛性脑瘫、单侧完全性臂丛神经损伤、通过肩关节的截肢、单侧膝关节以下截肢等。

3. 总分为 980~1091.9 分。

（三）PTS3级

1. 运动员由于肢体缺失、被动关节活动度损伤、肌力损伤、肌张力增高、共济失调、手足徐动等损伤，导致明显活动受限。

2. 包括明显的痉挛性偏瘫、脑瘫、双侧膝关节以下截肢、类似的上下肢多重残疾如单侧膝关节以下截肢合并单侧上肢肌力下降等。

3. 总分为 910~979.9 分。

（四）PTS2级

1. 运动员由于肢体缺失、被动关节活动度损伤、肌力损伤、肌张力增高、共济失调、手足徐动等损伤，导致严重活动受限。

2. 包括重度痉挛性脑瘫、重度偏瘫、单侧膝关节以上截肢等。

3. 总分小于等于 909.9 分。

（五）PTWC2级

1. 运动员由于肢体缺失、被动关节活动度损伤、肌力损伤等损伤，导致明显活动受限。

2. 包括单侧膝关节以上截肢、截瘫等。

3. 总分小于等于 640 分。

（六）PTWC1级

1. 运动员由于肢体缺失、被动关节活动度损伤、肌力损伤等损伤，导致严重活动受限。

2. 包括双侧膝关节以上截肢、单侧膝关节以上截肢且残端较短、严重的脊髓损伤导致的四肢瘫或截瘫等。

3. 肌力评估得分为 463 分。

三、视力残疾分级标准

符合视力残疾分级标准，设立 B 级一个级别。参见“视力残疾分级标准”一章。

第十七章
残疾人轮椅篮球分级规则

第一节
残疾人轮椅篮球比赛概况

一、轮椅篮球比赛基本规则

轮椅篮球的比赛场地和比赛规则与健全人篮球基本相同。上场的5名运动员的分级分值总分不得超过14分。轮椅篮球的规则没有两次运球违例，但场上队员持球移动时，推动轮椅1~2次后就必须拍球一次或多次，或传球、投篮。比赛时，运动员的脚不能触及地面，臀部不能离开轮椅。

二、分级概况

（一）级别设置

轮椅篮球分级规则由国际轮椅篮球协会（International Wheelchair Basketball Federation，IWBF）制定。截至2018年IWBF发布的2014年版分级规则中，根据运动员在完成投篮、传球、抢篮板球、带球、移动轮椅等技术动作时躯干的活动功能不同，分为1.0、1.5、2.0、2.5、3.0、3.5、4.0、4.5共8个分值，分值越低，运动员功能水平越差，场上5名运动员的分值总和不能超过14分。在比赛过程中，任何一个队在任何时候，全队场上运动员的分级分值总和不能超过14分，否则将判教练员一次技术犯规，同时立即纠正。

（二）轮椅装置

轮椅篮球运动员根据躯干功能水平不同，常使用的竞技轮椅有两种：躯干功能好的运动员常使用髋与膝在同一平面的轮椅，有利于发挥其躯干功能；躯干功能差的运动员常使用膝高于髋的“漏斗形”轮椅，有利于增强其躯干的稳定性（见图 17–1 和图 17–2）。

图17-1　躯干功能差的运动员所使用的轮椅

图17-2　躯干功能好的运动员所使用的轮椅

（三）躯干运动平面

轮椅篮球分级规则的主要方法是观察和评估每个运动员在完成篮球技术动作时躯干运动平面的功能情况。人体在坐姿状态下，躯干有不同的运动平面。轮椅篮球分级规则的功能评估以三个躯干运动平面功能为分级的依据，见表 17–1。

表17-1　轮椅篮球运动员躯干运动平面

水平面	矢状面	冠状面
旋转运动：在躯干保持直立姿势的同时，躯干向左或向右的旋转运动。	屈伸运动：将躯干向前屈曲，然后恢复直立姿势的运动。	侧方运动：保持躯干直立位，躯干向左或向右倾斜，并恢复到直立位的运动。

第二节 残疾人轮椅篮球分级规则

一、损伤类别

残疾人轮椅篮球运动员必须符合 IWBF 所规定的肢体残疾损伤类别的其中一种，而且损伤必须是永久性损伤。损伤类别见表 17–2。

表17-2　残疾人轮椅篮球运动员损伤类别

损伤类别	导致损伤的原因
肌张力增高	脑瘫、创伤性脑损伤和中风
共济失调	脑瘫、创伤性脑损伤、中风和多发性硬化症
手足徐动	脑瘫、创伤性脑损伤和中风
肌力损伤	脊髓损伤（完全或不完全，四肢瘫或截瘫）、肌营养不良、脊髓灰质炎和脊柱裂
被动关节活动度损伤	慢性关节疾病或创伤致关节弯曲和挛缩，导致被动关节活动度损伤
肢体缺失	创伤性截肢、因疾病导致的截肢（如骨肿瘤），或先天性肢体短小或缺失
双下肢不等长	肢体发育异常和先天性或外伤性肢体发育障碍，导致下肢不等长

二、最低损伤标准（MIC）

IWBF 规定运动员的残疾程度必须符合各个残疾类别的最低损伤标准。

1. 肌力损伤

（1）双下肢肌力受损至少符合下列情况中的一种：

① 髋关节屈曲小于等于 2 级；
② 髋关节后伸小于等于 2 级；
③ 髋关节外展小于等于 2 级；
④ 髋关节内收小于等于 2 级；
⑤ 膝关节屈曲小于等于 2 级；
⑥ 膝关节伸直小于等于 2 级；
⑦ 踝关节跖屈小于等于 2 级；
⑧ 踝关节背屈小于等于 2 级。

（2）单侧下肢（或双下肢）肌力受损至少符合下列情况中的两种：

① 髋关节屈曲小于等于 3 级；
② 髋关节后伸小于等于 3 级；
③ 膝关节屈曲小于等于 3 级；
④ 膝关节伸直小于等于 3 级；
⑤ 踝关节跖屈小于等于 3 级。

2. 被动关节活动度损伤

（1）单侧下肢被动关节活动度损伤至少符合下列情况中的一种：

① 髋关节屈曲小于等于 75 度；
② 髋关节后伸受限大于等于 15 度；
③ 髋关节外展小于等于 20 度；
④ 髋关节内收受限大于等于 10 度；
⑤ 髋关节内旋小于等于 5 度；
⑥ 髋关节外旋小于等于 0 度；
⑦ 膝关节屈曲小于等于 65 度；
⑧ 膝关节伸直受限大于等于 25 度；
⑨ 踝关节跖屈小于等于 10 度；
⑩ 踝关节背屈小于等于 15 度。

（2）单侧下肢被动关节活动度损伤至少符合下列情况中的两种：

① 髋关节屈曲大于 75 度，但小于等于 85 度；

② 髋关节后伸受限大于等于 5 度，但小于 15 度；

③ 髋关节外展大于 20 度，但小于等于 30 度；

④ 髋关节内收受限大于等于 0 度，但小于 10 度；

⑤ 髋关节内旋大于 5 度，但小于等于 15 度；

⑥ 髋关节外旋大于 0 度，但小于等于 10 度；

⑦ 膝关节屈曲大于 65 度，但小于等于 75 度；

⑧ 膝关节伸直受限大于等于 15 度，但小于 25 度；

⑨ 踝关节跖屈大于 10 度，但小于等于 20 度；

⑩ 踝关节背屈大于 15 度，但小于等于 25 度。

3. 肢体缺失

至少符合下列情况中的一种：

（1）单足：第1跖骨和拇趾完全性缺失。

（2）双足

① 拇趾完全性缺失；

② 一足拇趾完全性缺失且另一足 3 个足趾完全性缺失；

③ 双足 3 个足趾完全性缺失。

（3）类似的先天性肢体缺失或畸形。

4. 双下肢不等长

双下肢长度至少相差 6cm。

5. 肌张力增高（Ashworth评分）

髋关节的内收、后伸、屈曲；膝关节的屈曲、伸直；踝关节的跖屈、背屈，至少有一项 Ashworth 评分是 1 分。

6. 共济失调（使用SARA量表评定）

SARA 量表仅测评步态、站姿、跟–膝–胫测试这三项，每项大于等于 2 分。

7. 手足徐动（使用不自主运动障碍评定量表）

观察站姿、提踵不自主运动均至少 1 级。

三、各级别分级标准

（一）1.0分

1. 运动员基本情况

通常由于躯干和下肢肌肉瘫痪，1.0 分的运动员无旋转、屈伸和侧方运动的能力。他们通过头和躯干向后倾斜维持平衡时，双臂才能向前伸展持球，且任何平面运动都需要双手或轮椅的支持。见图 17–3。

图17-3　1.0分运动员运动平面

2. 运动员轮椅装置

由于 1.0 分运动员没有主动的骨盆稳定性，其轮椅通常有明显的坐位倾斜度，被动地使其骨盆稳定性达到最大限度。

（1）膝关节高于臀部，通常双膝被固定在轮椅上，双脚被固定在轮椅踏板上。

（2）骨盆通常被固定在轮椅上。

（3）靠背的高度高于肋骨，坐垫松弛，以便于允许运动员的躯干借助靠背坐稳。

（4）下腹部可以有绑带，使躯干固定在轮椅上。

3. 运动员运动特点

主要是由于躯干各个方向的运动都是被动的，没有自主运动，通常需要用上肢来维持和调节躯干的姿势。

（1）驱动轮椅：驱动轮椅时，1.0分运动员依靠靠背维持平衡，驱动时躯干保持向上的直立位。

① 头和肩在运动时通常向前或向后运动以补偿躯干功能的缺失，同时可以协助运动员维持平衡。

② 有时将胸廓前倾于膝关节上并维持此姿势驱动轮椅，但是必须借助双臂支撑才能返回躯干直立位。

（2）制动和转向：当急刹车或快速转向时，1.0分运动员表现出难以维持躯干的直立，试图通过头和肩紧靠在靠背上来维持躯干的平衡。

（3）运球：1.0分运动员运球时通常在接近躯干的侧方运球，当运球和驱动轮椅同时进行时，需要努力去维持平衡。

（4）传球：1.0分运动员常常依赖轮椅的支持才能传球。

① 当双手用力传球时会产生头和肩膀的向后运动来维持直立位。

② 在单手用力传球时，需要另一只手抓住轮椅来获得坐位平衡，由于缺乏躯干的旋转功能从而会降低传球的力量。

③ 除非一只手协助维持身体平衡，否则不能转身来接身后的传球。

（5）投篮、篮板球：1.0分运动员需要依赖靠背获得平衡来投篮。

① 试图通过双手投篮但只能用一只手臂做动作。

② 在保持躯干直立位完成投篮动作时，通常会失去平衡。

③ 几乎总是用一只手抢头上的篮板球,另一只手抓住轮椅保持平衡。

④ 球在正上方时才有可能双手接球，轻微的碰撞就会使身体失去平衡。

（6）碰撞：当轮椅碰撞时，1.0分运动员不能保持平衡，为了返回直立位，需要前臂帮助。

（二）2.0分

1. 运动员基本情况

通常由于躯干下部和下肢肌肉瘫痪，2.0 分的运动员上躯干有旋转功能，但下躯干无旋转功能，躯干有部分屈伸功能，但无侧方运动功能。见图 17–4。

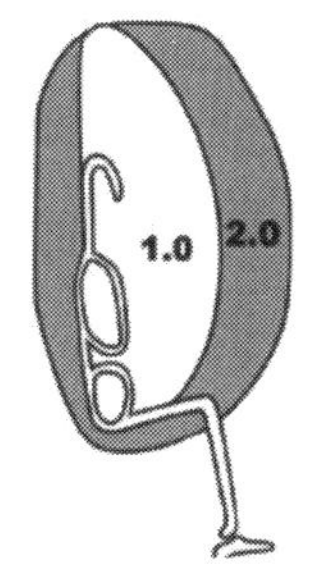

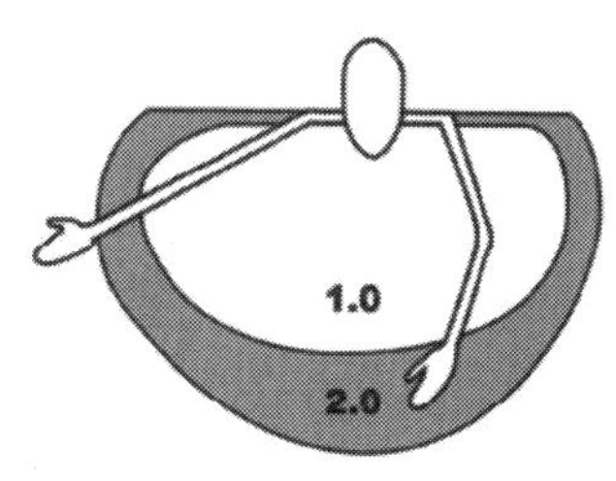

图17-4　2.0分运动员运动平面

2. 运动员轮椅装置

同1.0分运动员相似，2.0分运动员的轮椅也通常有明显的坐位倾斜度，他们也依赖于被动的骨盆的稳定性。

（1）通常轮椅坐位明显地向靠背倾斜。

（2）通常双膝关节高于臀部并被固定在轮椅上，双脚被固定在轮椅踏板上。

（3）骨盆通常被固定在轮椅上。

（4）靠背的高度高于骨盆，通常位于肋弓的下缘，坐垫要宽松，允许运动员躯干依靠轮椅靠背获得平衡支持。

3. 运动员运动特点

（1）驱动轮椅：2.0分运动员能离开靠背向前倾斜以增强驱动能力，但在做驱动动作时，躯干下部无主动功能。

① 运动时头和肩部可向前倾斜并保持在静止位置以补偿运动中躯干下部的功能。

② 运动员用力驱动轮椅时能明显地使用躯干上部的功能，但会表现出腰部平衡能力的部分缺失。

③ 当躯干完全伏于双腿上时，通常需要用一只手支撑轮椅或膝关节以恢复躯干直立位。

（2）制动和转向：当急刹车或快速转向时，2.0分运动员的躯干能支撑住以避免失去平衡。

① 能向躯干旋转的方向做轻微的倾斜动作。

② 急刹车时躯干可保持向前倾斜，但未恢复直立位时手无法离开轮椅。

（3）运球：2.0分运动员通常会在靠近轮椅前脚轮处水平运球，离轮椅较近。

① 如果双膝关节位置较高，形成有效的支撑，那么运动员有可能在轮椅正前方运球。

② 在试图获得最快的启动速度时，动作开始时身体会不太稳定。

（4）传球：2.0分运动员通常需要轮椅支持才能用力传球。

① 双手用力向前传球时会略微失去平衡，由于无法使用躯干下部力量增加传球力量，运动员通常会靠在靠背上达到传球效果。

② 单手用力传球时，需要用另外一只手扶着轮椅或腿部来获得平衡和保持躯干直立位。

③ 可以利用轮椅靠背的支持，转身接来自身体后方的传球。

（5）投篮、篮板球：2.0分运动员可轻微前倾投篮，但大部分时候仍须靠在椅背上，尤其是远距离投篮。

① 可在椅背的支持下向投篮方向旋转躯干上部。

② 一只手抓握轮椅，另一只手可自如地抢头上的篮板球。但也有能力双手抢篮板球。用双手在头上方争抢篮板球时，通常会容易失去身体平衡，特别是在身体与外界明显碰撞时。

（6）碰撞：激烈碰撞时，2.0分运动员无法保持平衡，在投篮或抢篮板球时更加明显。通过一只手臂的帮助可以快速地恢复身体直立位。

（三）3.0分

1. 运动员基本情况

3.0 分运动员具有完全的躯干屈伸和旋转功能，但几乎没有侧方运动功能，可能是因为腿部肌力损伤或双大腿高位截肢，导致大腿和臀部的稳定性丧失。见图 17–5。

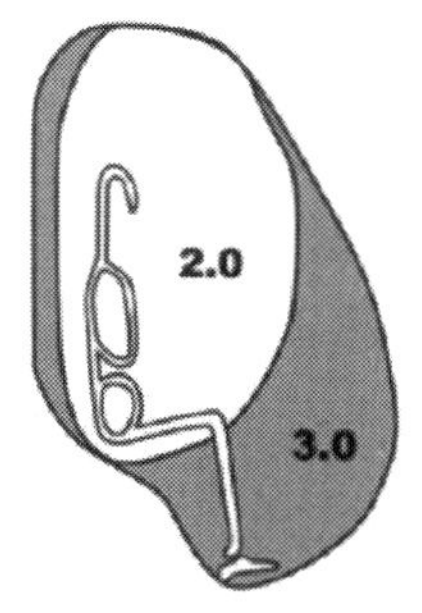

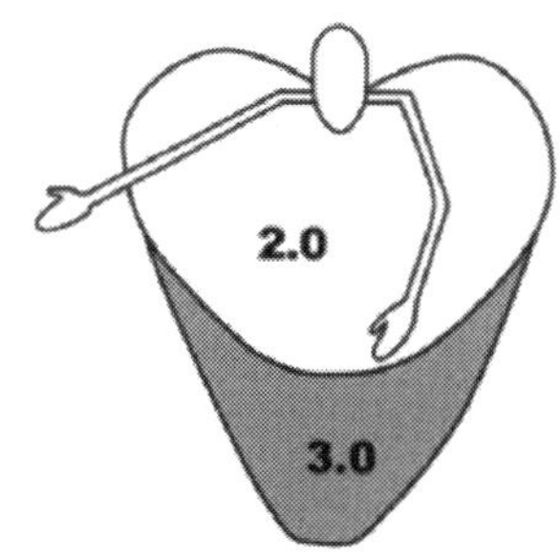

图17-5　3.0分运动员运动平面

（1）运动员躯干的上部和下部有很好的主动旋转功能。

（2）双手接头前上方球时，躯干的稳定性不受任何影响，无须用头部和肩部的补偿动作来维持平衡。

（3）可以充分向前屈曲90度，胸贴近于膝部，无须上肢的帮助就可以恢复直立位。

（4）当倾向任何一个侧方时至少需要一只手臂的帮助才能恢复直立位。

2. 运动员轮椅装置

由于3.0分运动员有自主的骨盆稳定性，椅面常常略微向后倾斜以使其获得最高的稳定性和发挥轮椅的性能。

（1）膝稍稍高于臀部，双膝常常绑在一起并与轮椅固定，脚安放在脚踏板上。

（2）骨盆通常被固定在轮椅上。

（3）轮椅椅背高度较低，通常到骨盆的上缘，坐垫可以松弛或捆紧，对躯干无辅助支撑作用，防止骨盆移出座椅。

3. 运动员运动特点

（1）驱动轮椅：驱动轮椅时，3.0分运动员的躯干能前倾以获得最大的动力来增加驱动力。头、肩和躯干在驱动时作为一个整体一起前后运动。驱动时不会丧失稳定性。

（2）制动和转向：当急刹车或快速转向时，3.0分运动员能够：

① 主动利用躯干避免失去平衡。

② 向旋转方向倾斜。

③ 急刹车时较容易保持平衡。

④ 躯干前倾时可快速地恢复直立位。

（3）运球：3.0分运动员能够在轮椅前方或侧方运球，并且能够：

① 可在不失去平衡和控制的情况下将球由一侧运向另一侧，同时驱动轮椅。

② 可在轮椅的前方运球，无须另一只手扶在轮椅上支撑。

③ 由启动到达到最快速度时不会失去稳定性。

（4）传球、接球：不需要轮椅支持即可完成传球。

① 双手用力向前传球时不会丧失稳定性，在球出手时，躯干可前倾以获得最大的动力和最快的加速度。

② 像掷标枪一样，单手用力传球时，另一只手在前方举起，同时躯干旋转并向前以获得平衡和力量。

③ 可旋转接后方传球，无须轮椅靠背支持。

④ 当接来自身体侧方的传球时，需用对侧手来维持躯干平衡，不能用双手接离身体较远一侧的传球。

（5）投篮、篮板球：运动员躯干可前倾并有力地投篮。

① 可在无须轮椅靠背支持的情况下，旋转躯干至投篮方向。

② 双手可轻松接头顶的篮板球。

（6）碰撞：轮椅碰撞时能保持平衡，特别是当投篮或抢篮板时，正面碰撞时运动员仍能保持平衡。

① 遇到正面强有力的碰撞时可能会失去稳定性。

② 遇到有力的侧方碰撞时会失去平衡。

③ 除非失去侧方平衡，否则无须用上肢即可迅速恢复直立位。

（四）4.0分

1. 运动员基本情况

4.0 分运动员具有完全的躯干屈伸和旋转功能，侧屈功能一侧较强。通常躯干有各个方向的运动功能，但功能并不完善。见图 17–6。

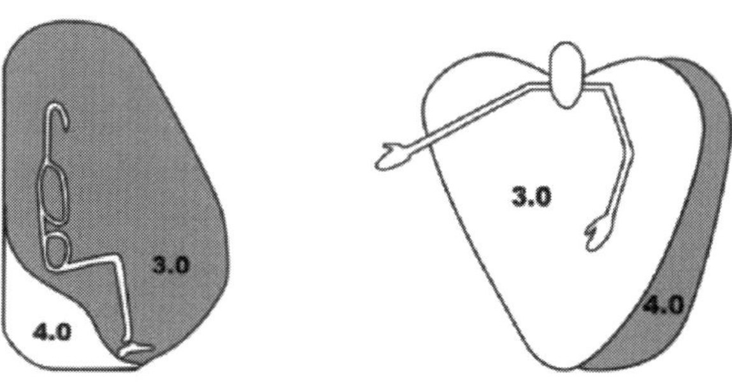

图17-6　4.0分运动员运动平面

（1）即使在碰撞的情况下，运动员也可以控制在头上方或面前的球，而不伴有躯干稳定性的丧失，同时无须用头部和肩部的补偿动作来维持平衡。

（2）躯干前屈功能完全，无须上肢帮助即可恢复直立位。

（3）可有力地倾向一侧，通常可轻微地倾向另一侧（侧方运动一侧较好）。

2. 运动员轮椅装置

轮椅坐位常常略微向前倾斜，以获得最高的灵活性和最快的速度。

（1）轮椅的靠背低，并非用来维持骨盆的稳定性。

（2）可将大腿固定在轮椅上来获得最大的侧方力量。

3. 运动员运动特点

（1）驱动轮椅、制动、转向：像3.0运动员一样，4.0运动员能够利用躯干倾斜来完成驱动、急停、转向动作。

① 做驱动、急停、转向动作时，即使遇到碰撞也不会失去平衡。

② 操作所有动作时，躯干运动强劲有力。

（2）运球：能轻松地完成轮椅前方和侧方运球。

① 可双手交叉运球，可由一侧转向另一侧而不失去平衡。

② 可在轮椅发生碰撞（接触）的情况下继续运球。

（3）传球、接球：无须轮椅支撑，可单手和双手传接球。

① 双手用力向前传球时不会丧失稳定性，在传球时可使躯干前倾以获得最大的力量和最快的加速度。

② 像掷标枪一样，单手用力传球时，另一只手置于胸前，同时躯干旋转或向前以获得平衡。

③ 可旋转躯干接来自轮椅后方的传球而无须轮椅靠背支持。

④ 侧屈功能好的健侧可双手接远距离传球，当抢断弱侧球时须用对侧手来控制躯干平衡。

⑤ 可轻松接住健侧座椅平面以下的传球，但弱侧试图做以上动作时往往会失去平衡。

（4）投篮、篮板球：运动员躯干可前倾并有力地投篮，特别是远距离投篮。

① 可在无须轮椅靠背支撑的情况下，旋转躯干至投篮方向。

② 无须轮椅靠背支撑，可轻松地用双手接头顶篮板球。

③ 能够有力地向一侧倾斜，用双手抢篮板球。

④ 双手在头的前上方接球时，身体不会失去稳定性，当轮椅碰撞时会受到轻微的影响。

（5）碰撞：可在有力的轮椅碰撞时保持平衡，特别是前方做投篮和抢篮板动作时。

① 若碰撞发生在弱侧或碰撞强烈时可能会失去平衡。

② 无须用上肢帮助即可迅速恢复直立位。

（五）4.5分

1. 运动员基本情况

可在任何方向、所有范围内做动作，在任何方向上皆无明显弱点。

2. 运动员运动特点

具备 4.0 分运动员的所有功能，且在身体两侧都能控制运动，无明显的强弱侧，并且符合轮椅篮球分级的最低损伤标准。

（六）轮椅篮球运动员截肢分级系统

在轮椅篮球分级规则中，截肢运动员分级系统见表 17–3。

表17-3　轮椅篮球运动员截肢分级系统

4.5分				

单侧膝下截肢	单侧膝上截肢 残肢>2/3	双侧膝下截肢 使用假肢	双侧膝下截肢 使用绑带	一侧膝下截肢 使用假肢 一侧膝上截肢 残肢>2/3
4.0分				

单侧膝上截肢 残肢<2/3 包括髋离断	双侧膝下截肢 不使用绑带	双侧膝上截肢 双侧残肢>2/3	一侧膝上截肢 残肢>2/3 一侧膝下截肢 无假肢	一侧膝上截肢 残肢<2/3 一侧膝下截肢 有假肢

续表

3.5分			
单侧半骨盆截肢	双侧膝上截肢 一侧>2/3 一侧<2/3	一侧膝下截肢 无假肢 一侧膝上截肢 残肢<2/3	一侧半骨盆截肢 一侧膝下截肢 有假肢

3.0分		
双侧膝上截肢 残肢都<2/3	一侧半骨盆截肢 一侧膝下截肢无假肢	一侧膝上截肢 残肢>2/3 一侧半骨盆截肢

下列截肢情况可低于3.0分		
双侧膝上截肢 残肢都<1/3	双侧髋离断	一侧膝上截肢 残肢<2/3 一侧半骨盆截肢

（七）分级注意事项

1. 有关半级的确定原则

为了体现公平竞争的原则，轮椅篮球的分级标准在近几年的运用中引入了半级的评定方法，其原则是：在基本级别上，半级的增加或减少只是在两个级别的临界处有疑问时应用。

2. 伴有上肢残疾的运动员

近年来伴有上肢残疾的参加轮椅篮球运动的运动员人数明显增多，分级时仅供参考。任何运动员仅有上肢残疾不能参加轮椅篮球比赛。

第十八章
残疾人轮椅击剑分级规则

第一节
残疾人轮椅击剑比赛概况

一、历史发展沿革

参加轮椅击剑比赛的运动员，一般是脊髓损伤等肢体残疾的运动员，他们坐在轮椅上进行比赛。1953 年，英国的斯托克 · 曼德维尔医院首次创立了轮椅击剑运动。在 1960 年于罗马举行的第一届残疾人奥林匹克运动会上，轮椅击剑运动就被列为正式比赛项目。

2004 年，在雅典残奥会的轮椅击剑比赛上，中国残奥代表团首次派出轮椅击剑队参赛就获得了公开级男子花剑团体赛金牌和公开级男子重剑团体赛铜牌，轮椅击剑成为中国队的优势项目。

二、分级概况

轮椅击剑运动员分级规则是由国际展能体育联合会（World Ability sport）制定的，通过一系列的测试，让不同类别的残疾运动员可以参加相应级别的比赛。凡是使用轮椅的运动员都可以参加轮椅击剑的比赛，包括截肢、截瘫、脑瘫运动员。从 1988 年汉城残奥会开始，轮椅击剑比赛开始引入并使用一套新的轮椅击剑运动员功能分级系统。新的功能分级系统充分考虑了各种影响因素，目的是使不同类别的残疾运动员（截肢、脊髓灰质炎、脑瘫和截瘫运动员）都有机会参加比赛，感受轮椅击剑比赛的魅力。

根据规定对运动员进行分析评估和功能测试，共分为五个级别：1A 级、1B 级、2 级、3 级、4 级。然后根据功能分级结果，参赛运动员被分为 A、B、C 三个级别。

第二节
残疾人轮椅击剑分级规则

一、损伤类别

残疾人轮椅击剑运动员必须符合 IPC 所规定的肢体残疾损伤类别的其中一种。损伤类别见表 18–1。

表18-1　残疾人轮椅击剑运动员损伤类别

损伤类别	导致损伤的原因
肌张力增高	脑瘫、创伤性脑损伤和中风
共济失调	脑瘫、创伤性脑损伤、中风和多发性硬化症
手足徐动	脑瘫、创伤性脑损伤和中风
肌力损伤	脊髓损伤（完全或不完全，四肢瘫或截瘫）、肌营养不良、脊髓灰质炎和脊柱裂
被动关节活动度损伤	慢性关节疾病或创伤致关节弯曲和挛缩，导致被动关节活动度损伤
肢体缺失	创伤性截肢、因疾病导致的截肢（如骨肿瘤），或先天性肢体短小或缺失

二、最低损伤标准（MIC）

运动员由于永久性残疾导致不能站立即可参加轮椅击剑项目。最低损伤标准见表 18–2。

表18-2　残疾人轮椅击剑运动员的最低损伤标准

损伤类别	最低损伤标准
肌力损伤	一侧下肢力量至少减少20分，或双侧下肢肌力至少减少25分
被动关节活动度损伤	单踝关节僵直或类似的运动功能减退
肢体缺失	通过踝关节的截肢，或类似踝关节缺失的肢体畸形
肌张力增高	下肢痉挛1级或1+级（改良Ashworth）；或PROM功能障碍评分为4分
共济失调	偶有轻度或有轻度的共济失调体征（参照SARA量表）
手足徐动	应符合以下至少一项： 尽管运动员试图保持静止，但足趾或下肢仍有不自主的运动； 上肢不自主的运动，影响平衡和行走； 运动员不能自主地保持身体静止； 四肢和/或躯干有典型的手足徐动姿势

三、功能测试方法

功能测试是让运动员坐在轮椅上，在使用或不使用剑的情况下，评估其躯干在不同位置伸展和侧方屈曲的能力。测试包括让运动员反复做特定技术动作，如持剑肘伸直向侧方运动，做刺出动作，或躯干快速回位动作。根据动作完成情况，给予相应的分数。

（一）评分标准

0分：无功能，不能完成动作；

1分：非常勉强地完成，小范围运动；

2分：完成差，运动尚可；

3分：正常。

（二）测试方法

测试1：评估背伸肌。运动员坐在轮椅上躯干前屈，回到直立位，背肌有收缩，保持上肢旋前位。

测试 2：评估上肢外展时躯干侧方平衡功能。运动员身体重心向左侧或右侧运动，直到失去平衡，评估躯干侧方肌、腹斜肌和腰肌肌力。

测试 3：与测试 1 类似，主要是评估腰伸肌。手放颈后部，上肢的惯性运动有助于躯干上背部肌力发挥。

测试 4：与测试 2 类似，但需要持剑完成，因此难度较大，因为剑的重量影响了躯干的侧方平衡能力。对侧上肢没有运动。

测试 5：在测试 1 和测试 3、测试 2 和测试 4 一半的运动范围内评估躯干运动功能。测试时运动员用一侧手抓住轮椅。2 级运动员如果不用持剑手支撑腿部，通常无法保持身体前倾。

测试 6：与测试 1 类似，评估躯干、腰部和背部伸肌。测试时运动员保持前倾 45 度的姿势。

四、各级别分级标准

（一）1A级

运动员无坐位平衡，伸肘功能受限，持剑上肢功能障碍，持剑时需用绑带固定。本级别相当于旧的 ISMGF 分级的 1A 级，类似颈 5/6 完全性脊髓损伤。

（二）1B级

运动员无坐位平衡，持剑上肢受影响，有伸肘功能，手指屈曲无功能，持剑时需用绑带固定。类似颈 7/8 完全性脊髓损伤或较高平面的不完全性脊髓损伤。

（三）2级

运动员坐位时基本保持平衡，持剑上肢正常，类似于胸 1–9 脊髓损伤（测试 1 和测试 2，总分不高于 4 分），或不完全性截瘫，对上肢影响很小，坐位平衡好。

（四）3级

运动员坐位平衡好，腿部无功能，持剑上肢正常，类似于胸 10– 腰 2 截瘫（测试 1 和测试 2，总分 5~9 分）；双腿残端较短的膝上截肢；或胸 10 以上的不完全性脊髓损伤，双腿对躯干平衡有一定的作用。

（五）4级

运动员坐位平衡好，双腿可帮助保持平衡，持剑上肢正常，类似于腰 4 以下的截瘫（测试 3 和测试 4 至少 5 分）。

在轮椅击剑的比赛中，设三个比赛级别：

A 级，相当于 3 级和 4 级；

B 级，相当于 2 级；

C 级，相当于 1A 级和 1B 级。

> 第十九章

残疾人轮椅网球分级规则

第一节 残疾人轮椅网球比赛概况

一、历史发展沿革

轮椅网球运动在 1976 年由美国人发起。1988 年第八届韩国汉城（现名首尔）残奥会上，轮椅网球首次成为表演项目。从 1992 年第九届巴塞罗那残奥会起，轮椅网球正式成为比赛项目。残奥会轮椅网球比赛一般是在 2 名或 4 名下肢丧失运动能力的运动员之间进行，四肢瘫痪、下肢残疾且上肢截肢的运动员也可参加。

中国轮椅网球运动起步较晚。2006 年中国轮椅网球队首次参加在巴西里约热内卢市举办的世界杯轮椅网球国际大赛，此次比赛共有 16 个代表队参加。经过激烈竞技，我国轮椅网球队取得了男女团体第 9 名的好成绩。

二、分级概况

轮椅网球运动员必须有医学诊断的永久性运动功能残疾，分为公开组和四肢瘫组两个级别。

第二节
残疾人轮椅网球分级规则

一、损伤类别

残疾人轮椅网球运动员必须符合 IPC 所规定的肢体残疾损伤类别的其中一种，而且损伤必须是永久性损伤。损伤类别见表 19–1。

表19-1　残疾人轮椅网球运动员损伤类别

损伤类别	导致损伤的原因
肌张力增高	脑瘫、创伤性脑损伤和中风
共济失调	脑瘫、创伤性脑损伤、中风和多发性硬化症
手足徐动	脑瘫、创伤性脑损伤和中风
肌力损伤	脊髓损伤（完全或不完全，四肢瘫或截瘫）、肌营养不良、脊髓灰质炎和脊柱裂
被动关节活动度损伤	慢性关节疾病或创伤导致的关节弯曲和挛缩，导致被动关节活动度损伤
肢体缺失	创伤性截肢、因骨骼疾病或神经机能障碍而导致的截肢，或先天性肢体短小或缺失
双下肢不等长	肢体发育异常和先天性或外伤性肢体发育障碍，导致下肢不等长

二、各级别分级标准

（一）公开组：符合以下损伤类别的其中一种最低损伤标准。

1. 肌张力增高：必须出现以下一些阳性体征。

（1）阵挛；

（2）病理反射；

（3）肢体有轻微萎缩；

（4）巴宾斯基征阳性。

2. 共济失调：必须有明显的共济失调，以下测试中出现任何一个阳性指征为共济失调。

（1）指鼻试验；

（2）指指试验；

（3）趾指试验；

（4）跟–膝–胫试验；

（5）脚尖对脚跟走直线。

3. 手足徐动：必须有明显的手足徐动，出现以下任何一个阳性指征为手足徐动。

（1）手指和上肢不自主运动；

（2）足趾和下肢不自主运动；

（3）无法控制躯体静止；

（4）典型的手足徐动姿势。

4. 肢体缺失：一侧下肢前半足截肢或类似的先天性短缺。

5. 下肢被动关节活动度损伤至少符合下列情况中的一种：

（1）髋关节屈曲小于等于80度；

（2）髋关节后伸小于等于–10度（相当于屈曲位挛缩10度及以上）；

（3）髋关节外展小于等于15度；

（4）髋关节内收小于等于0度；

（5）髋关节内旋小于等于5度；

（6）髋关节外旋小于等于20度；

（7）膝关节屈曲小于等于90度；

（8）膝关节伸直最少差20度；

（9）踝关节跖屈小于等于10度；

（10）踝关节背屈小于等于0度。

或至少符合下列情况中的两种：

（1）髋关节屈曲小于等于100度；
（2）髋关节后伸小于等于0度；
（3）髋关节外展小于等于25度；
（4）髋关节内收小于等于15度；
（5）髋关节内旋小于等于15度；
（6）髋关节外旋小于等于30度；
（7）膝关节屈曲小于等于110度；
（8）膝关节伸直最少差10度；
（9）踝关节跖屈小于等于20度；
（10）踝关节背屈小于等于10度。

6. 下肢肌力受损至少符合下列情况中的一种：
（1）髋关节屈曲肌力小于等于3级；
（2）髋关节后伸肌力小于等于3级；
（3）髋关节外展肌力小于等于3级；
（4）髋关节内收肌力小于等于2级；
（5）髋关节内旋肌力小于等于3级；
（6）髋关节外旋肌力小于等于3级；
（7）膝关节屈曲肌力小于等于2级；
（8）膝关节伸直肌力小于等于3级；
（9）踝关节跖屈肌力小于等于3级；
（10）踝关节背屈、内翻、外翻中至少有两项肌力减少3分。

或至少符合下列情况中的三种：
（1）髋关节屈曲肌力4级；
（2）髋关节后伸肌力4级；
（3）髋关节外展肌力4级；
（4）髋关节内收肌力3级；
（5）髋关节内旋肌力4级；
（6）髋关节外旋肌力4级；
（7）膝关节屈曲肌力3级；

（8）膝关节伸直肌力4级；

（9）踝关节跖屈肌力4级；

（10）踝关节背屈、内翻、外翻中至少有两项肌力4级。

7. 双下肢长度至少相差7cm。

（二）四肢瘫组

不是所有符合最低损伤标准的运动员都可以参加四肢瘫组的比赛，只有因身体损伤导致需要改变驱动轮椅的方式和严重影响技术动作的运动员才可参加该级别的比赛。

1. 测试方法

（1）躯干测试评分标准

① 2 分：躯干功能好。不借助手的帮助能控制轮椅，各个平面和方向的运动均好，且借助球拍保持平衡能将身体伸出轮椅并复位。

② 1 分：躯干功能一般到较好。一个或两个平面和方向有部分功能，需要用绑带将臀部固定在轮椅上，不靠髋部的帮助不能完成各个方向的运动。

③ 0 分：躯干无功能，比赛时不能利用躯干做任何动作。

（2）上肢肌力测试分值表见表19–2。

表19-2　上肢肌力测试分值表

0.5分		1.0分	
三角肌	0~5分	背阔肌	0~3分
背阔肌	0~1分	胸锁乳突肌	5分
胸锁乳突肌	0~5分	胸肌	2~3分
胸肌	0~1分	二头肌	5分
二头肌	0~5分	三头肌	0~3分
三头肌	0~1分	腕伸肌	0~5分
腕伸肌	0~5分	腕屈肌	0~3分
腕屈肌	0~1分	手部肌肉	0~1分
手部肌肉	0分	2.0分	

续表

1.5分		肩带肌	5分
三头肌	3~4分	二头肌	5分
腕伸肌	4~5分	三头肌	4~5分
腕屈肌	0~3分	腕伸肌	4~5分
2.5分		腕屈肌	4~5分
肩带肌	5分	手指屈肌、伸肌	0~2分
二头肌	5分	手指外展、内收	0~2分
三头肌	5分	手指运动	0~2分
腕伸肌、屈肌	5分	3.0分	
手指屈肌、伸肌	2~4分	肩带肌	5分
手指外展、内收	0~2分	二头肌	5分
拇指内收、屈、伸	0~4分	三头肌	5分
拇指对掌、外展	0~2分	腕伸肌、屈肌	5分
4.0分		手指屈肌、伸肌	3~4分
上肢所有肌群均为4~5分		手指外展、内收	0~4分
		拇指内收、屈、伸	3~4分
		拇指对掌、外展	3~4分

2. 计分方法

根据上述测试方法分别对运动员的上肢和躯干进行测试，并计算总分，执拍上肢双倍计分，满分为 4×2+4+2=14 分。如总分超过 10 分，则不符合四肢瘫级别。

例如：

（1）正常非执拍上肢+执拍上肢3级+躯干无功能者合格；

（2）正常执拍上肢+非执拍上肢3级者不合格；

（3）正常非执拍上肢+执拍上肢3级+躯干有功能者不合格。

3. 技术动作

（1）不能连续协调地完成在头上方接击球的动作；

（2）不能连续协调地完成前后击球动作；

（3）不能用手驱动轮椅；

（4）比赛的过程中不用捆绑或辅助装置持球拍时其能力较弱；

（5）躯干运动受限。

4. 可使用电动轮椅的四肢瘫运动员

根据上肢肌力测试标准，符合以下所有条件的运动员可使用电动轮椅参加比赛：

（1）各上肢得分不高于1.0分；

（2）双上肢得分不高于3.0分；

（3）躯干得分不高于1.0分。

> 第二十章 残疾人高山滑雪分级规则

第一节
残疾人高山滑雪比赛概况

一、历史发展沿革

滑雪运动的发展起源于第二次世界大战结束后，一个受伤的退伍军人坚持他对滑雪运动的热爱。他为了能继续参与滑雪这项运动，促使第一条可供残疾人士滑雪的路线在 1948 年出现。第一个有记载的残障人士滑雪锦标赛在 1948 年奥地利的加施泰因举行，当时有 17 名运动员参加。1950 年后，该项目开始在世界各地举行比赛。引入坐姿滑雪是为了让使用轮椅的人士（截瘫和双膝以上截肢）参与到该项目中来。

1976 年在瑞典的恩舍尔兹维克举行了第一届冬残奥会。当时的高山滑雪设有两个分项：回转和大回转。速降在 1984 年奥地利因斯布鲁克冬残奥会上被列入残奥项目。在 1994 年挪威利勒哈默尔冬残奥会上，超级大回转也被列入残奥项目。坐姿类别的滑雪项目在 1984 年的冬残奥会上仅作为表演赛，在 1998 年日本长野冬残奥会上被列为正式的奖牌项目。

我国残疾人高山滑雪运动起步较晚。第一届全国残疾人高山滑雪和单板滑雪锦标赛于 2018 年 1 月在河北崇礼举行，来自全国 11 个省市代表队的 80 名肢体残疾、视力残疾和听力残疾运动员参加了超级大回转、大回转、回转比赛。在近年来的残疾人高山滑雪世界杯、世锦赛中，中国残疾人高山滑雪运动员逐渐崭露头角，竞赛水平不断提高。

二、分级概况

残疾人高山滑雪分级规则由国际滑雪联合会（FIS）制定，依据伤残类别分为肢体残疾组和视力残疾组，每组下分不同级别。

（一）肢体残疾运动员分级

站姿级别（LW1–9）共十一个级别：LW1、LW2、LW3、LW4 为下肢残疾，LW5/7–1、LW5/7–2、LW5/7–3、LW6/8–1、LW6/8–2 为上肢残疾，LW9–1、LW9–2 为上下肢复合肢体残疾。

坐姿级别（LW10–12）包括 LW10–1、LW10–2、LW11、LW12–1、LW12–2 五个级别，为下肢残疾。

（二）视力残疾运动员分级

符合国际盲人体育联合会视力残疾运动员分级的最低损伤标准，所有的视力残疾运动员在比赛时都须备引导员。

视力残疾分为三个级别：AS1、AS2、AS3。

第二节 残疾人高山滑雪分级规则

一、损伤类别

残疾人高山滑雪运动员必须符合 IPC 所规定的肢体残疾损伤类别的其中一种，或视力残疾、听力残疾，而且损伤必须是永久性损伤。损伤类别见表 20–1。

表20-1　残疾人高山滑雪运动员损伤类别

损伤类别	导致损伤的原因
肌张力增高	脑瘫、创伤性脑损伤和中风
共济失调	脑瘫、创伤性脑损伤、中风和多发性硬化症
手足徐动	脑瘫、创伤性脑损伤和中风

续表

损伤类别	导致损伤的原因
肌力损伤	脊髓损伤（完全或不完全，四肢瘫或截瘫）、肌营养不良、脊髓灰质炎和脊柱裂
被动关节活动度损伤	慢性关节疾病或创伤致关节弯曲和挛缩，导致被动关节活动度损伤
肢体缺失	创伤性截肢、因疾病导致的截肢（如骨肿瘤），或先天性肢体短小或缺失
双下肢不等长	肢体发育异常和先天性或外伤性肢体发育障碍，导致下肢不等长
视力残疾	创伤或先天及后天疾病导致的视力及视野损伤
听力残疾	先天及后天疾病导致的听力损伤

二、各级别分级标准

分级标准分为肢体残疾运动员分级标准、视力残疾运动员分级标准、听力残疾运动员分级标准三大类。

（一）肢体残疾运动员分级标准

1. LW1级（双侧下肢损伤）

（1）双下肢肌力小于35分（总分为80分）；

（2）双侧膝关节以上截肢，或一侧膝关节以上截肢合并另一侧膝关节以下截肢，或其他类似肢体缺失的伤残；

（3）双下肢痉挛2~3级，且伴有病理征；手足徐动和共济失调，双下肢有不自主运动；

（4）使用两个滑雪板、两个雪杖/助滑器（outriggers），滑雪板可捆扎在一起。假肢及矫形器必须符合FIS装备标准。

2. LW2级（单侧下肢损伤）

（1）一侧下肢肌力小于20分（总分为40分）；

（2）单侧通过踝关节截肢，或导致类似的肢体缺失的损伤；

（3）双下肢长度至少相差7cm；

（4）患侧下肢痉挛1~2级，且伴有巴宾斯基征、阵挛或腱反射亢进等病理反射；可能有手足徐动或共济失调；能独立行走，但明显跛行；

（5）被动关节活动度损伤：一侧下肢髋关节和膝关节融合术后；

（6）使用一个滑雪板、两个雪杖/助滑器，受损一侧下肢不能触雪。下肢假肢及矫形器必须符合FIS装备标准。

3. LW3级（双侧下肢损伤）

（1）双下肢肌力小于60分（总分为80分）；

（2）通过双侧踝关节或踝关节以上的截肢（类似截肢），包括双侧膝关节以下截肢，或导致类似肢体缺失的损伤；

（3）双下肢痉挛1~2级，且伴有病理征；手足徐动和共济失调，双下肢有不自主运动；

（4）使用两个滑雪板、两个雪杖/助滑器。假肢及矫形器必须符合FIS装备标准。

4. LW4级（单侧下肢损伤）

（1）一侧下肢肌力小于30分（总分为40分）；

（2）一侧通过踝关节截肢或以上截肢和类似肢体缺失的损伤；

（3）双下肢长度至少相差7cm；

（4）患侧下肢痉挛1~2级，且伴有巴宾斯基征、阵挛或腱反射亢进等病理反射；可能有手足徐动或共济失调；能独立行走，但明显跛行；

（5）使用两个滑雪板、两个雪杖/助滑器。假肢及矫形器必须符合FIS装备标准。

5. LW5/7-1级（双侧上肢损伤）

（1）双上肢活动受限程度等同于双侧肘关节以上截肢，任何一只手都不能抓和使用雪杖；

（2）双侧肘关节以上截肢；双侧肢体缺失，残肢长度等同于双侧肘关节以上截肢；

（3）双上肢痉挛2~3级，上肢协调性测试不能完成或部分受限，双侧上肢没有功能，功能障碍类似于双侧肘上截肢，双手均不能抓和使用雪杖；

（4）使用两个滑雪板，不用雪杖。上肢假肢及矫形器必须符合FIS装备标准。

6. LW5/7-2级（双侧上肢损伤）

（1）双上肢活动受限程度等同于一侧肘关节以上、另一侧肘关节以下的截肢及类似的残疾，任何一只手都不能抓和使用雪杖；

（2）一侧肘关节以上和另一侧肘关节以下截肢；双侧肢体缺失，一侧残肢长度等同于肘关节以上截肢，一侧残肢长度等同于肘关节以下截肢；

（3）一侧上肢痉挛2~3级，上肢协调性测试不能完成或部分受限，上肢没有功能，功能障碍类似于肘上截肢；另一侧上肢痉挛1~2级，上肢协调性测试可见受限，功能障碍类似于肘下截肢；

（4）使用两个滑雪板，不用雪杖。上肢假肢及矫形器必须符合FIS装备标准。

7. LW5/7-3级（双侧上肢损伤）

（1）双上肢活动受限程度等同于双侧肘关节以下截肢及类似的残疾，任何一只手都不能抓和使用雪杖；

（2）双侧肘关节以下截肢及类似的残疾；双侧肢体缺失，残肢长度等同于双侧肘关节以下截肢；

（3）双侧上肢痉挛1~2级，上肢协调性测试可见受限，功能障碍类似于双侧肘下截肢；

（4）使用两个滑雪板，不用雪杖。上肢假肢及矫形器必须符合FIS装备标准。

8. LW6/8-1级（单侧上肢损伤）

（1）单上肢活动受限程度等同于单侧肘关节以上截肢；

（2）单侧肘关节以上截肢；单侧肢体缺失，残肢长度等同于单侧肘关节以上截肢；

（3）单侧上肢痉挛2~3级，上肢协调性测试不能完成或部分受限，单侧上肢没有功能，功能障碍类似于单侧肘上截肢；

（4）使用两个滑雪板、一个雪杖。上肢假肢及矫形器必须符合FIS装备标准。

9. LW6/8-2级（单侧上肢损伤）

（1）单上肢活动受限程度等同于单侧肘关节以下截肢；

（2）单侧肘关节以下截肢；单侧肢体缺失，残肢长度等同于单侧肘关节以下截肢；

（3）单侧上肢痉挛1~2级，与健侧相比上肢协调性测试受限，功能障碍类似于肘下截肢；

（4）使用两个滑雪板、一个雪杖。上肢假肢及矫形器必须符合FIS装备标准。

10. LW9-1级（同侧或对侧上肢合并下肢损伤）

（1）一侧下肢肌力小于20分（总分为40分）；单上肢活动受限程度等同于一侧肘关节以上或肘关节以下截肢；

（2）一侧膝关节以上截肢，或导致类似肢体缺失的损伤；单侧肘关节以上或肘关节以下截肢；单侧肢体缺失，残肢长度等同于肘关节以上或肘关节以下截肢；

（3）一侧下肢痉挛2~3级，且伴有病理征；手足徐动和共济失调，双下肢有不自主运动；

（4）使用一个或两个滑雪板、一个或两个雪杖。上肢假肢及矫形器必须符合FIS装备标准。

11. LW9-2级（同侧或对侧上肢合并下肢损伤）

（1）一侧下肢肌力小于30分（总分为40分）；单侧上肢活动受限程度等同于一侧肘关节以上或肘关节以下截肢；

（2）一侧通过踝关节截肢（类似截肢），包括膝关节以下截肢和导致类似肢体缺失的损伤；单侧肘关节以上或肘关节以下截肢；单侧肢体缺失，残肢长度等同于肘关节以上或肘关节以下截肢；

（3）一侧下肢痉挛1~2级，且伴有病理征；手足徐动和共济失调，双下肢有不自主运动；

（4）使用两个滑雪板、一个雪杖/助滑器，或一个滑雪板、两个助滑器。上肢假肢及矫形器必须符合FIS装备标准。

12. LW10-1级

（1）上下腹肌及躯干伸肌无活动，肌力0分；

（2）类似的躯干功能障碍；

（3）无坐位平衡，陆上功能测试0~4分；

（4）坐式雪板、两个滑雪器。

13. LW10-2级

（1）上腹肌及躯干伸肌肌力大于等于1分；下腹肌及躯干伸肌肌力0分；

（2）类似的躯干功能障碍；

（3）无坐位平衡，陆上功能测试4~8分；

（4）坐式雪板、两个滑雪器。

14. LW11级

（1）上腹肌及躯干伸肌全范围正常活动，肌力大于等于4分；下腹肌及躯干伸肌部分或全范围活动，肌力大于等于1分；双侧髋关节屈、伸、外展、内收肌力0分；

（2）类似的下肢功能障碍；

（3）较好的主动坐位平衡，陆上功能测试9~15分；

（4）坐式雪板、两个滑雪器。

15. LW12-1级

（1）上腹肌及躯干伸肌全范围正常活动，肌力大于等于4分；下腹肌及躯干伸肌部分或全范围活动，肌力大于等于1分；一侧髋关节肌力小于等于10分（总分为20分）或者双侧髋关节肌力小于等于30分（总分为40分）；

（2）单侧髋关节离断/先天性缺损或畸形，或下肢截肢导致与上述类似的肌力损伤；

（3）类似的下肢功能障碍；

（4）坐位平衡好，陆上功能测试16~18分；

（5）坐式雪板、两个滑雪器。

16. LW12-2级

（1）单侧下肢肌力小于等于30分（总分为40分）；

（2）单侧经踝关节截肢；单侧下肢缺失，残肢长度等同于经踝关节截肢；

（3）类似的下肢功能障碍；

（4）坐位平衡好，陆上功能测试16~18分；

（5）坐式雪板、两个滑雪器。

（二）视力残疾运动员分级标准

参见“视力残疾分级规则”一章。

（三）听力残疾运动员分级标准

参见“听力残疾分级规则”一章。

第二十一章

残疾人越野滑雪、冬季两项分级规则

第一节
残疾人越野滑雪比赛概况

一、历史发展沿革

越野滑雪是北欧滑雪的两大分支之一，另一项目为冬季两项。残疾人越野滑雪由国际滑雪联合会（FIS）主管，按照FIS修订的规则进行协调。目前越野滑雪项目在24个国家开展。越野滑雪在1976年瑞典恩舍尔兹维克举办的第一届冬残奥会上被列为正式比赛项目。2014年索契冬残奥会上，越野滑雪项目共设置20个小项，设项为男子坐姿三项，女子坐姿三项，男子站姿三项，女子站姿三项，男子视力残疾三项，女子视力残疾三项，4×2.5km混合接力、公开接力共两项。

我国残疾人越野滑雪运动起步较晚。首届全国残疾人越野滑雪锦标赛于2017年12月在哈尔滨亚布力滑雪场举办，共有来自北京、河北、辽宁、吉林、黑龙江、江苏、浙江、湖北、广东、四川等18个省市的98名运动员参加比赛。

二、分级概况

残疾人越野滑雪分级规则依据伤残类别分为肢体残疾组和视力残疾组，每组下分不同级别。

（一）肢体残疾运动员分级

站姿级别损伤类别可分为上肢残疾、下肢残疾和上下肢多重残疾，共七个级别：LW2、LW3、LW4为下肢残疾，LW5/7、LW6、LW8为上肢残疾，LW9为多重肢体残疾。

坐姿级别为下肢残疾运动员（LW10–12）：包括 LW10、LW10.5、LW11、LW11.5、LW12 共五个级别。

（二）视力残疾运动员分级

符合国际盲人体育联合会视力残疾运动员分级最低标准，所有的视力残疾运动员在比赛时都须备引导员。

视力残疾分为三个级别：NS1，NS2，NS3。NS1 级别的运动员在比赛时须佩戴眼罩。

第二节
残疾人越野滑雪、冬季两项分级规则

一、损伤类别

残疾人越野滑雪、冬季两项运动员必须符合 IPC 所规定的肢体残疾损伤类别的其中一种，或视力残疾，而且损伤必须是永久性损伤。损伤类别见表 21–1。

表21-1　残疾人越野滑雪、冬季两项运动员损伤类别

损伤类别	导致损伤的原因
肌张力增高	脑瘫、创伤性脑损伤和中风
共济失调	脑瘫、创伤性脑损伤、中风和多发性硬化症
手足徐动	脑瘫、创伤性脑损伤和中风
肌力损伤	脊髓损伤（完全或不完全，四肢瘫或截瘫）、肌营养不良、脊髓灰质炎和脊柱裂
被动关节活动度损伤	慢性关节疾病或创伤致关节弯曲和挛缩，导致被动关节活动度损伤

续表

损伤类别	导致损伤的原因
肢体缺失	创伤性截肢、因疾病导致的截肢（如骨肿瘤），或先天性肢体短小或缺失
双下肢不等长	肢体发育异常和先天性或外伤性肢体发育障碍，导致下肢不等长
视力残疾	创伤或先天及后天疾病导致的视力及视野损伤
听力残疾	先天及后天疾病导致的听力损伤

二、肢体残疾运动员各级别分级规则

站姿级别（LW2-LW9）

（一）LW2级（一侧下肢损伤）

1. 一侧通过膝关节或膝关节以上截肢。

2. 髋关节和/或膝关节无活动范围。

3. 双下肢肌力总分小于等于 64 分，或一侧下肢肌力（下肢 + 髋关节）小于等于 16 分，膝关节屈、伸肌力小于等于 2 分。

4. 短肢畸形，患侧肢体长度短于健侧股骨长度（测量方法为股骨大转子到股骨内侧髁），分级时需提供 12 个月内的 X 光片。

5. 使用两个滑雪板、两个雪杖。

（二）LW3级（双侧下肢损伤）

1. 双下肢截肢，最低标准为双侧跖骨近端截肢。

2. 双下肢肌力小于 65 分，其中一侧下肢肌力最少损失 5 分，且有一个肌群肌力至少损失 3 分。

3. 双下肢痉挛 2 级，双下肢有不自主运动：

（1）跟-膝-胫试验；

（2）直线走，交叉走，侧方走等；

（3）双下肢手足徐动：不自主足趾或下肢运动，不能保持躯体静止状态，特征性的手足徐动姿势；

4. 短肢畸形导致前脚掌缺失，分级时需提供 12 个月内的 X 光片。

5. 双侧膝关节无功能。

6 必须使用两个滑雪板、两个雪杖。

（三）LW4级（一侧下肢损伤）

1. 一侧通过踝关节或踝关节以上截肢，及类似的肢体缺失。

2. 双下肢肌力小于 70 分，其中一侧下肢肌力最少损失 10 分，且有一个肌群肌力至少损失 3 分。

3. 一侧或双侧下肢有不自主运动或共济失调。

4. 双下肢长度至少相差 7cm；测量方法为测量髂前上棘至内踝长度，取两次测量平均值。

5. 使用两个滑雪板、两个雪杖。

（四）LW5/7级（双上肢损伤，不使用假肢）

1. 双上肢截肢，最低标准为双侧通过掌指关节的截肢（无残留）。

2. 双上肢肌力损伤，抓握功能丧失，手指屈、伸和拇指对指肌力至少减少 3 分。

3. 双手畸形，不能使用雪杖；如果双手无抓握功能，不能使用雪杖，且通过绑带仍无法抓握雪杖（一侧绑于腕关节，一侧绑于手部），应归于 LW5/7 级。

4. 需两个滑雪板，不能使用雪杖，如果运动员能够使用一个雪杖就应在 LW6 或 LW8 级。不允许使用假肢。

（五）LW6级（一侧上肢损伤）

1. 一侧通过肘关节或肘关节以上截肢。

2. 一侧上肢肌力损失，腕关节、肘关节肌群肌力损伤大于 3 分，得分小于等于 2 分。

3. 短肢畸形，患侧上肢长度短于健侧肱骨长度，分级时需提供 12 个月内的 X 光片。

4. 使用两个滑雪板、一个雪杖。不允许使用假肢。比赛中运动员整个肢体必须被固定。

（六）LW8级（一侧上肢损伤）

1. 肘关节以下截肢，或掌指关节近端以上截肢。

2. 一侧肌力损伤，手指屈、伸和拇指对掌肌力损伤大于 3 分。

3. 短肢畸形，患侧上肢长度长于健侧肱骨长度，分级时需提供 12 个月内的 X 光片。

4. 肘关节屈、伸不超过 5 度，用杆支撑躯体时不能发力。

5. 使用两个滑雪板、一个雪杖。不允许使用假肢。运动员也可能仅使用一个雪杖。严禁运动员使用受累侧上肢作为支撑或滑行。

6. 一只手发育畸形，无抓握功能，不能握杆，除非把手腕绑在杆上。如果患手使用允许的商用杆绑带仍无法抓握或用杆，运动员则被定级为 LW8 级。

（七）LW9级（多重残疾）

1. 一个上肢和一个下肢的损伤，分别符合 LW4 级或 LW8 级的分级标准。

2. 上下肢痉挛 2 级，共济失调，明显的手足徐动。

3. 使用两个滑雪板、一个雪杖。

坐姿级别（LW10-LW12）

（一）LW10级（下肢和躯干损伤）

1. 上下腹肌肌力小于等于 2 分。

2. 即使用带子把运动员的腿绑在测试台上，运动员仍不能对抗重力维持坐姿。没有上肢支撑，不能坐稳。

3. 技术测试 0~2 分。

（二）LW10.5级（下肢和躯干损伤）

1. 上下腹肌肌力 3 分。

2. 用带子把运动员的腿绑在测试台上，运动员没有上肢支撑，能坐稳，但移动范围不超过底座范围。

3. 技术测试 3~6 分。

（三）LW11级（下肢和躯干损伤）

1. 腹部和躯干伸肌有部分功能。

2. 双侧髋关节屈髋 2 分，运动员上下腹肌肌力大于等于 3 分，包括下腹肌，不能站立、行走，不需要依靠底座即可移动和坐直；运动员无论是否需要使用带子把腿绑在测试台上都可以坐稳，且可把躯干挪出底座范围，且可不需要帮助就能回到支撑底座并保持坐姿。

3. 技术测试 7~10 分。

（四）LW11.5级（下肢和躯干损伤）

1. 躯干功能接近正常，腹肌和躯干伸肌肌力可达 3~4 分。

2. 一侧髋关节屈曲肌力大于等于 3 分，且一侧或双侧髋关节伸肌肌力大于等于 1 分，不用辅具能站立、行走。

3. 技术测试 11 分。

（五）LW12级（下肢损伤）

1. 躯干功能正常，腹肌和躯干伸肌肌力 4~5 分。

2. 单侧或双侧髋关节屈伸肌力 3~5 分。

3. 技术测试 12 分。

注意事项：

1. 坐姿级别运动员应至少符合 LW4 级标准；

2. 运动员第一次参加 IPC 分级时，可以选择站姿或坐姿；

3. 在第一次分级结束后的下一个赛季前，运动员可以申请重新选择坐姿或站姿；

4. 如残疾情况发生改变，运动员可以申请重新选择坐姿或站姿；

5. 比赛期间，运动员的腿必须放置在雪橇上。

冬季两项与越野滑雪分级规则相同。

三、视力残疾运动员分级标准

视力级别分为 NS1–NS3，参见“视力残疾分级规则”一章。

第二十二章

残疾人冰球分级规则

第一节
残疾人冰球比赛概况

一、历史发展沿革

1969 年，瑞典斯德哥尔摩举办了第一届国际残疾人冰球比赛。1976 年，瑞典冬季残奥会上残疾人冰球进行了表演赛。1994 年，挪威利勒哈默尔冬季残奥会将残疾人冰球列为正式比赛项目。所有运动员都必须按照曲棍球设备认证委员会（HECC）规定的标准来安装他们的冰球器材，包括他们的雪橇、球杆、头盔和其他防护装备。

目前，残疾人冰球运动由世界残奥冰球联合会（WPIH）管理，在加拿大、俄罗斯、美国等 17 个国家和地区得到了良好的发展。我国冬残奥项目受气候、场地、器材、运动员选拔等因素的影响，开展的省份和参与的运动员还比较少，起步比较晚，基础比较弱，水平有待提高。

二、分级概况

参加残疾人冰球项目的运动员为下肢残疾运动员，如截肢、肌力损伤、踝关节或膝关节活动损伤、双下肢不等长等残疾类别的运动员。只要是符合最低损伤标准的运动员均可参赛。

第二节
残疾人冰球分级规则

一、损伤类别

残疾人冰球运动员必须符合 IPC 所规定的肢体残疾损伤类别的其中一种。损伤类别见表 22–1。

表22-1　残疾人冰球运动员的损伤类别

损伤类别	导致损伤的原因
肌张力增高	脑瘫、创伤性脑损伤和中风
共济失调	脑瘫、创伤性脑损伤、中风和多发性硬化症
手足徐动	脑瘫、创伤性脑损伤和中风
肌力损伤	脊髓损伤（完全或不完全，四肢瘫或截瘫）、肌营养不良、脊髓灰质炎和脊柱裂
被动关节活动度损伤	慢性关节疾病或创伤致关节弯曲和挛缩，导致被动关节活动度损伤
肢体缺失	创伤性截肢、因疾病导致的截肢（如骨肿瘤），或先天性肢体短小或缺失
双下肢不等长	肢体发育异常和先天性或外伤性肢体发育障碍，导致下肢不等长

二、最低损伤标准（MIC）

残疾人冰球运动员的最低损伤标准见表 22–2。

表22-2　残疾人冰球运动员的最低损伤标准

损伤类别	最低损伤标准
肢体缺失	单侧经踝关节的截肢，或类似的功能障碍
肌力损伤	双下肢肌力减少10分；肌力评估总分为80分，包括髋关节的屈曲、后伸、内收、外展，膝关节的屈曲、后伸，踝关节的跖屈、背伸
被动关节活动度损伤	单侧踝关节僵直，或膝关节伸直至少差30度；如果仅髋关节活动度损伤，不符合最低损伤标准
共济失调、手足徐动	协调性测试小于等于3分（6个测试，各1分）
肌张力增高	符合肌张力增高及测试评定的最低标准
双下肢不等长	双下肢长度至少相差7cm（从肚脐至内踝最高点）

> 第二十三章

残疾人单板滑雪分级规则

第一节 残疾人单板滑雪比赛概况

一、历史发展沿革

单板滑雪又称冬季的冲浪运动，起源于 20 世纪 60 年代中期的美国，其产生与冲浪运动有关。1965 年舍曼 · 波潘把两个滑雪板绑在一起，利用身体和双脚来控制方向，偶然中就创造了两脚踩踏在一整块板上的新"滑雪板"。1983 年举办了第一届单板滑雪世界锦标赛。1998 年长野冬奥会上，单板滑雪被列为正式比赛项目。单板滑雪作为高山滑雪的一个分项，在 2014 年索契冬残奥会上首次亮相。从 2018 年平昌冬残奥会起，单板滑雪作为一个单独竞赛大项从高山滑雪中分离出来。

二、分级概况

残疾人单板滑雪只有肢体残疾组，没有视力残疾组，按损伤程度共分为三个级别，即 SB-LL1、SB-LL2、SB-UL，其中 SB-LL 为下肢残疾组，SB-UL 为上肢残疾组。

第二节
残疾人单板滑雪分级规则

一、损伤类别

残疾人单板滑雪运动员必须符合 IPC 所规定的肢体残疾损伤类别的其中一种。损伤类别见表 23–1。

表23-1　残疾人单板滑雪运动员损伤类别

损伤类别	导致损伤的原因
肌张力增高	脑瘫、创伤性脑损伤和中风
共济失调	脑瘫、创伤性脑损伤、中风和多发性硬化症
手足徐动	脑瘫、创伤性脑损伤和中风
肌力损伤	脊髓损伤（完全或不完全，四肢瘫或截瘫）、肌营养不良、脊髓灰质炎和脊柱裂
被动关节活动度损伤	慢性关节疾病或创伤致关节弯曲和挛缩，导致被动关节活动度损伤
肢体缺失	创伤性截肢、因疾病导致的截肢（如骨肿瘤），或先天性肢体短小或缺失
双下肢不等长	肢体发育异常和先天性或外伤性肢体发育障碍，导致下肢不等长

二、各级别分级标准

（一）SB-LL1

1. 单侧膝关节以上截肢，包括通过膝关节的截肢；双侧踝关节以上截肢；至少一侧膝关节无功能（先天性）；

2. 单下肢肌力小于等于 10 分（单下肢肌力最大分值为 30 分）；双

下肢肌力小于等于 30 分；

3. 双下肢肌张力大于等于 2 级；

4. 手足徐动或共济失调，必须有可被观察到的双下肢及躯干的不自主运动；

5. 双侧踝关节无被动关节活动度，并且至少一侧膝关节或髋关节被动关节活动度减少大于等于 50%。

（二）SB-LL2

1. 单侧踝关节以上截肢；单侧踝关节无功能（先天性）；

2. 一侧下肢肌力小于等于 24 分（单侧髋、膝、踝关节肌力总分为 30 分）；

3. 至少一侧下肢肌张力大于等于 2 级；

4. 手足徐动或共济失调，至少一侧下肢有不自主运动；

5. 双下肢长度至少相差 7cm（通过单板靴纠正大于等于 7cm）；

6. 单侧踝关节无被动关节活动度，或者至少一侧膝关节或髋关节被动关节活动度减少大于等于 50%。

（三）SB-UL

1. 一侧或双侧腕关节以上截肢；先天性腕关节缺失；

2. 一侧上肢肌力下降，如肘关节屈伸肌力小于等于 2 分，和/或肩关节肌力总分为 8 分（屈、伸、外展、内收，肌力总分为 20 分）；

3. 单上肢肌张力大于等于 2 级；

4. 手足徐动或共济失调，至少一侧上肢有不自主运动；

5. 至少一侧上肢被动关节活动度受限，肩和肘关节被动关节活动度受限 50%；或至少一侧肩关节或肘关节活动度单独受限 25%。

肩关节被动关节活动度指肩关节的屈、伸、外展、内收；肘关节被动关节活动度指肘关节的屈、伸。

> 第二十四章

残疾人轮椅冰壶分级规则

第一节
残疾人轮椅冰壶比赛概况

一、历史发展沿革

轮椅冰壶运动于 20 世纪 90 年代末起源于欧洲。2002 年第一届世界轮椅冰壶锦标赛在瑞士苏黎世举行。2006 年，轮椅冰壶比赛被纳入冬残奥会比赛项目中。轮椅冰壶运动现由世界冰壶联合会（WCF）管理，现设轮椅冰壶混合四人组、混合双人组两个小项。

2007 年中国轮椅冰壶国家队成立，在 2011—2015 年冰壶世锦赛上均取得优异成绩。在 2018 年平昌冬残奥会上，中国队以 6 : 5 战胜挪威，夺得中国轮椅冰壶队参加冬残奥会以来的首枚金牌，这也是中国轮椅冰壶队在冬残奥会历史上首次获得奖牌。

二、分级概况

轮椅冰壶的分级规则是对运动员残疾程度的界定，运动员只要达到既定标准即可参赛。参加轮椅冰壶项目的运动员必须符合下肢损伤类型且至少达到最低损伤标准。每一条标准都可致运动员在冰上行走显著受限，并表现出对冰壶运动产生的显著的不利影响。

轮椅冰壶项目只有一个分级级别，达到最低损伤标准即合格。

第二节
残疾人轮椅冰壶分级规则

一、损伤类别

残疾人轮椅冰壶运动员必须符合 IPC 所规定的肢体残疾损伤类别的其中一种，才能参加世界轮椅冰壶锦标赛、世界轮椅冰壶资格赛和冬季残奥会，即获得国际分级。损伤类别见表 24–1。

表24-1　残疾人轮椅冰壶运动员损伤类别

损伤类别	导致损伤的原因
肌力损伤	脊髓损伤、脊髓灰质炎、脊柱裂、横贯性脊髓炎、多发性神经炎
肢体缺失	创伤性截肢、因骨骼疾病或神经机能障碍而导致的截肢，或先天性肢体短小或缺失
肌张力增高	脑瘫、脑外伤和脑卒中
共济失调	多发性硬化症、脑瘫
被动关节活动度损伤	关节挛缩
手足徐动	脑瘫、脑外伤和脑卒中

二、最低损伤标准（MIC）

残疾人轮椅冰壶运动员只要符合 IPC 所规定的肢体残疾损伤类别的其中一种，即可参赛。最低损伤标准见表 24-2。

表24-2　残疾人轮椅冰壶运动员的最低损伤标准

损伤类别	最低损伤标准
肌力损伤	双下肢肌力小于40分（肌力评估总分为80分，包括：髋关节的屈曲、后伸、内收、外展，膝关节的屈曲、伸直，踝关节的跖屈、背伸。2分以下记为0分）
肢体缺失	双侧膝关节以下截肢/小腿截肢（经踝关节截肢不合格）；单侧髋关节离断；双侧下肢先天性畸形，类似双侧小腿截肢
肌张力增高	下肢肌张力3~4级，不能独立行走，或仅能在室内短距离行走
共济失调、手足徐动	下肢协调功能障碍，协调功能测试评分总分小于等于2分（满分为6分）
被动关节活动度损伤	双下肢有2个或2个以上的大关节（髋、膝、踝）存在严重且永久性的关节活动度损伤，损伤范围大于等于50%
多重损伤	一侧膝关节以上截肢，另一侧下肢肌力总分小于25分的运动员符合最低损伤标准

> 第二十五章

残疾人沙滩排球分级规则

第一节
残疾人沙滩排球比赛概况

一、历史发展沿革

残疾人沙滩排球运动（站立式）由世界残奥排球联合会（WPV）负责发展和管理，WPV 是 IPC 的成员， 负责向全世界的残疾人士推广排球运动。

残疾人沙滩排球项目一直在发展，特别是在亚太区，自 2007 年以来，残疾人沙滩排球项目一直都有定期的比赛。从 2018 年开始，WPV 把国际沙滩排球活动的重点放在残疾人沙滩排球（站立式）项目上，目标是争取本项目入残奥会。2019 年，WPV 与北京体育大学签约，由北体大负责在中国境内牵头开展一系列科研、推广及承接国际赛事的工作。2019 年 5 月 9 日，世界残排联沙滩排球国际公开赛在福建平潭举办，历时 4 天。此次赛事共有来自中国、美国、澳大利亚、德国、波兰、印度、斯洛伐克、俄罗斯 8 个国家的 10 支沙排队伍参赛。美国队最终摘得男子组桂冠，波兰一队、波兰二队分别获得亚军和季军，中国队荣获女子组冠军，美国队获女子组亚军。这是 WPV 第一次批准举办的国际性残疾人沙滩排球赛事，对推动残疾人沙滩排球运动事业发展具有重要意义。

二、分级概况

残疾人沙滩排球分级规则共设置 C、B、A 三个级别，损伤类别包括截肢、被动关节活动度损伤、肌力损伤等。在所有比赛中，参赛队伍最多只能有一名 A 级选手。所有参加分级的运动员需准备相关医学资料的原件和英文翻译件，包括病史、诊断证明、目前身体残疾状况及影像学资料。

第二节
残疾人沙滩排球分级规则

一、损伤类别

残疾人沙滩排球运动员必须符合 WPV 所规定的肢体残疾损伤类别的其中一种，而且损伤必须是永久性损伤。损伤类别见表 25–1。

表25-1　残疾人沙滩排球运动员损伤类别

损伤类别	导致损伤的原因
肢体缺失	创伤性截肢、因疾病导致的截肢（如骨肿瘤），或先天性肢体缺失（例如发育异常）
被动关节活动度损伤	关节屈曲畸形、由于长时间的关节固定或创伤而导致的永久性关节挛缩
肌力损伤	脊髓损伤（完全或不完全、四肢瘫或偏瘫）、周围神经损伤、肌营养不良、脊髓灰质炎后遗症和脊柱裂
双下肢不等长	畸形、先天性或创伤性肢体生长障碍
肌张力增高	创伤性脑损伤和中风
共济失调	脑瘫、创伤性脑损伤、中风和多发性硬化症
手足徐动	脑瘫、创伤性脑损伤和中风

二、最低损伤标准（MIC）

残疾人沙滩排球运动员的最低损伤标准见表 25–2 。

表25-2　残疾人沙滩排球运动员的最低损伤标准

损伤类别	最低损伤标准
肢体缺失	上肢： 双侧：①双手拇指和食指截肢； ②双手7个或7个以上手指截肢 单侧：①拇指和食指截肢，截肢部位在掌指关节和腕掌关节之间（手桡侧一半）； ②单侧肢体畸形，从肩峰到最长手指尖的长度比健侧短缩33%~50% 下肢：单侧通过跗跖关节的截肢或类似的肢体畸形
被动关节活动度损伤	下肢： 髋关节僵直（PROM小于5度）； 膝关节僵直（PROM小于5度）； 踝关节僵直（PROM 小于等于5度） 上肢： ①肩关节屈曲或外展小于等于90度； ②肘关节伸展至少减少 45度； ③腕关节任何位置的僵直； ④单侧手指僵直或功能丧失
肌力损伤	上肢：一侧上肢肌力减少大于等于20分； 下肢：单侧或双侧肌力减少大于等于5分
下肢不等长	双下肢长度差大于等于7%
肌张力增高	CPISRA分级级别中的CP8级
共济失调	
手足徐动	

三、各级别分级标准

（一）C级

1. 肢体缺失

（1）下肢截肢

① 双侧膝关节或膝关节以上截肢，佩戴假肢；

② 双侧膝关节以下截肢，佩戴假肢；

③ 膝关节以下或以上截肢，不佩戴假肢。

（2）上肢截肢：肘关节或肘关节以上截肢。

（3）上肢合并下肢的复合截肢。

2. 被动关节活动度损伤

（1）肘关节固定，一侧上肢无功能；

（2）膝关节任何位置的僵直。

3. 肌力损伤

（1）下肢肌力受损（双下肢满分为80分）

① 双下肢肌力至少减少 31 分；

② 一侧髋关节肌力屈曲、伸展、内收、外展肌力减少 20 分。

（2）上肢肌力受损（单侧上肢满分为70分）

① 一侧上肢肌力至少减少 66 分；

② 一侧肩关节屈曲、伸展、内收、外展肌力减少 20 分，该上肢无功能。

4. 双下肢不等长

双下肢长度差在 66% 以上。

（二）B级

1. 肢体缺失

（1）下肢截肢

① 单侧膝关节以下截肢，佩戴假肢；

② 双侧跗跖关节截肢，佩戴假肢；

③ 双侧跗中关节截肢。

（2）上肢截肢：单侧肘关节以下截肢。

（3）单侧肢体畸形，从肩峰到最长手指尖的长度比健侧短缩超过50%及以上。

2. 被动关节活动度损伤

（1）髋关节任何位置的僵直；

（2）肘关节伸展至少减少90度。

3. 肌力损伤

（1）下肢肌力受损

① 双下肢肌力减少 16~30 分；

② 一侧髋关节肌力减少 20 分。

（2）上肢肌力受损

① 一侧上肢肌力减少 40~65 分；

② 一侧肩关节屈曲、伸展、内收、外展肌力减少 20 分，该上肢有功能。

4. 双下肢不等长

双下肢长度差在 16%~65.9%。

5. 肌张力增高、手足徐动、共济失调

CPISRA 分级级别中的 CP7 级或更重级别的残疾。

（三）A级

1. 肢体缺失

（1）下肢截肢或畸形

① 单侧跗跖关节截肢；

② 单侧跗中关节截肢；

③ 单侧通过踝关节的截肢或类似的肢体畸形。

（2）上肢截肢

① 双手拇指和食指截肢；

② 双手 7 个或 7 个以上手指截肢；

③ 单侧拇指和食指截肢，截肢部位在掌指关节和腕掌关节之间（手桡侧一半）。

（3）单侧肢体畸形，从肩峰到最长手指尖的长度比健侧短缩 33%~50%。

2. 被动关节活动度损伤

（1）踝关节任何位置的僵直（踝关节跖屈和背伸活动范围小于等于5 度）。

（2）上肢被动关节活动度损伤

① 肩关节屈曲或外展小于等于 90 度；

② 肘关节伸展至少减少 45 度；

③ 腕关节任何位置的僵直；

④ 单侧手指僵直或功能丧失。

3. 肌力损伤

（1）下肢肌力受损

双下肢肌力减少 5~15 分。（双下肢满分为 80 分：髋关节屈、伸、外展、内收，膝关节屈、伸，踝关节背伸、跖屈。）

如运动员仅踝关节背屈、膝关节屈曲、髋关节屈曲、髋关节内收肌力减少 5 分，则该运动员不符合最低损伤标准；如运动员单侧踝关节背屈减少 5 分，则膝关节屈曲、髋关节屈曲、髋关节内收肌力须减少至少 2 分以上。

（2）上肢肌力受损

一侧上肢肌力减少 20~39 分。（一上肢满分为 70 分：肩关节屈、伸、展、收，肘关节屈、伸，前臂旋前、旋后，腕关节背伸，掌屈 2~5 指屈、伸，拇指对掌、伸。）

4. 双下肢不等长

双下肢长度差在 7%~15.9%。

5. 肌张力增高、手足徐动、共济失调

CPISRA 分级级别中的 CP8 级。

第二十六章 视力残疾分级规则

视力残疾是指由于各种原因使视觉器官或大脑视觉中枢的构造或功能发生部分病变或完全病变，导致双眼不同程度的视力损失或视野缩小，视功能难以像一般人一样在从事工作、学习或进行其他活动时应用自如，甚至丧失。

第一节 视力残疾比赛概况

国际盲人体育联合会（IBSA）是为视力障碍者成立的体育组织，主要任务是组织和发展盲人的体育活动，是IPC的创始成员，是世界上最大的残疾人体育组织之一。国际盲人体育联盟代表大会是该国际组织的最高决策会议，每四年召开一次，总部设在挪威，该组织现有60多个成员国。我国残疾人体育协会是国际盲人体育联合会的正式成员。

残奥会中设立视力残疾组比赛的项目有：田径、游泳、自行车、举重、赛艇、盲人柔道、盲人足球、盲人门球、高山滑雪、越野滑雪等。部分单项国际残疾人体育组织在组织的比赛中也设立了视力残疾组，如射击、射箭等。

第二节
视力残疾分级规则

IBSA负责制定视力残疾分级规则，并组织分级员完成相关国际赛事视力残疾运动员的分级。IBSA正在进行研究，以确保其所有的残奥运动项目都符合最新的IPC《分级条例》，即分级系统需要基于证据并且针对特定运动项目。

一、残疾人柔道视力残疾分级规则

（一）J1级

双眼视力小于等于LogMAR2.6。

（二）J2级

双眼视力从LogMAR2.5（含）到LogMAR1.3（含），或双眼视野直径小于等于60度。

注：

1. 视力检查用LogMAR距离视力检测表。视野检查用Goldmann Ⅲ 4e刺激光标视野计或以下同等强度光标的视野计：Goldmann视野计、Humphrey视野计或Octopus视野计。检查时必须选择全视野范围自动检测，只提供中心视野无效。

2. 分级结果以双眼最佳矫正视力为准。运动员参加分级时，须佩戴日常使用的隐形眼镜、框架眼镜或其他视力矫正器具及处方。

二、残疾人高山滑雪视力残疾分级规则

（一）AS1级

无光感，或有光感但无法测出视力。

（二）AS2级

静态视力从 LogMAR3.5 到 LogMAR1.8。

（三）AS3级

静态视力从 LogMAR1.7 到 LogMAR1.0。

（四）AS4级

静态视力从 LogMAR0.9 到 LogMAR0.6。

如运动员视力超过 LogMAR0.6，双侧视野直径则小于等于 70 度。

三、残疾人越野滑雪、冬季两项视力残疾分级规则

（一）NS1级

无光感，或有光感但无法测出视力。

（二）NS2级

静态视力从 LogMAR3.5 到 LogMAR2.3。

（三）NS3级

静态视力从 LogMAR2.2 到 LogMAR0.9。

如运动员视力超过 LogMAR0.9，双侧视野直径则小于等于 60 度。

四、其余项目视力残疾分级规则

（一）B1级

视力小于 LogMAR2.6。

（二）B2级

视力从 LogMAR2.6 到 LogMAR1.5，或视野半径小于 5 度。

（三）B3级

视力从 LogMAR1.4 到 LogMAR1，或视野半径小于 20 度。

注：

1. LogMAR 为对数视力，检查时使用对数视力表。

2. 分级结果以双眼最佳校正视力为准。凡使用隐形眼镜、框架眼镜或其他视力校正器的运动员，不论比赛中是否佩戴，分级时均应佩戴。

> 第二十七章

听力残疾分级规则

听力残疾是指人由于各种原因导致双耳不同程度的永久性听力障碍，听不到或听不清周围环境声及言语声，以致影响日常生活和社会参与。

第一节 听力残疾比赛概况

聋人奥林匹克运动会（Deaflympics）是残疾人体育的一项国际大型综合性运动会，其主办机构是国际聋人体育联合会（International Committee of Sportsforthe Deaf，ICSD）。聋奥会的前身是世界聋人运动会（Deaf World Games）。第一届世界聋人运动会于1924年在法国巴黎举行，是全球最早举办的残疾人运动会。到2019年为止已举办了23届夏季聋奥会、18届冬季聋奥会，开展的项目包括田径、羽毛球、篮球、保龄球、自行车、足球、手球、定向越野运动、射击、游泳、乒乓球、网球、排球、水球、摔跤、空手道、柔道、跆拳道、越野滑雪、高山滑雪等27个项目。

国际聋人体育联合会于1924年在法国巴黎创建，比国际奥林匹克委员会（IOC）的成立晚28年，是全球最早出现的国际性残疾人体育协会。ICSD获得了IOC的承认，并且IOC每年为ICSD提供若干经费补助，使ICSD能全力推进世界聋人的体育活动。目前ICSD统领欧洲、亚太、泛美与非洲四大区域的聋人体育联盟，会员国总数达94个。我国于1989年加入ICSD，直属于亚太聋人体育联盟（APDSC），是国际聋奥运动的积极倡导者和参与者，先后参加了第十六届至第二十届聋奥会。

我国在全国残疾人运动会设立听力残疾组比赛，并在全国残疾人田径、游泳、乒乓球、网球等单项锦标赛中设立听力残疾组。目前我国开展的聋人体育竞赛项目有：田径、游泳、乒乓球、羽毛球、自行车、网球、跆拳道、篮球、越野滑雪、高山滑雪、单板滑雪、冰壶等。

第二节
听力残疾分级规则

听力残疾分级规则由 ICSD 制定，只要达到最低分级标准即可参赛。分级标准为运动员的双耳听力损失均大于 55 分贝。

第二十八章 智力残疾分级规则

我国对智力残疾的定义是，智力明显低于一般人的水平，并显示出适应行为障碍。智力残疾包括：在智力发育期间，由于各种原因导致的智力低下；智力发育成熟以后，由于各种原因引起的智力损伤和老年期智力明显衰退导致的痴呆。

本章描述的智力残疾及分级特指残疾人奥林匹克运动会设立的智力残疾组分级标准，与国内评残标准和特殊奥林匹克运动所指的分级标准不同。

第一节 智力残疾比赛概况

国际智力残疾人体育联合会（VIRTUS）于 1986 年在荷兰成立，并在英国注册。该组织是一家慈善机构，致力于建立一个平台，让智力残疾人在其感兴趣的体育运动中发挥特长。VIRTUS 在全球有 82 个会员国，组织开展了 15 个项目以上的智力残疾运动员竞赛。我国已于近年成为该组织会员。

1996 年亚特兰大残奥会首次设立智力残疾组比赛，2000 年悉尼残奥会在田径、游泳和篮球项目设智力残疾组比赛。2004 年、2008 年残奥会均未设置智力残疾组比赛。2012 年伦敦残奥会上，智力残疾组又返回残奥大家庭，120 多名智力残疾运动员参加了残奥会田径、游泳、乒乓球比赛。我国从 2014 年开始在全国残疾人田径、游泳、乒乓球锦标赛中设立智力残疾组比赛，在第九届全国残疾人运动会的田径、游泳、乒乓球比赛中，约有 60 名智力残疾运动员参赛。

第二节
智力残疾分级程序

一、国际智力残疾分级工作程序

分级对于智力残疾运动员参加竞赛非常重要。智力残疾的分级规则由两个不同的国际残疾人体育组织制定和组织实施。一般来说，智力残疾分级分为两个阶段，第一个阶段叫资格认定（Eligible），第二个阶段叫分级（Classfication）。如果是 IPC 认可的国际比赛，智力残疾运动员通过两个阶段的评估才可以参加。如果是 VIRTUS 组织的国际比赛，运动员仅通过第一阶段的评估，获得资格认定即可参加。

（一）第一阶段：资格认定

本阶段的评定由 VIRTUS 制定分级标准并组织资格评定小组进行评定。在美国智力与发展障碍协会（AAIDD）和世界卫生组织（WHO）对智力障碍的定义的基础上，VIRTUS 制定了智力残疾参赛资格标准：

1. 智力功能明显损伤，智商不高于 75 分；

2. 适应性行为水平明显受限，包括概念性技能、社会性技能、实践性技能；

3. 智力残疾发生在智力发育期间，即 18 周岁以前。

VIRTUS 规定的资格认定申请程序如下。

1. 由国家残疾人体育组织通过 VIRTUS 运动员注册系统，向 VIRTUS 递交分级申请，申请材料包括：

（1）由本国国家资格审查官（NEO）签署的VIRTUS分级资格申请表。

为帮助本国智力残疾运动员获得参赛资格，每个国家的残疾人体育组织均应向 VIRTUS 申请批准 1 名 NEO。NEO 应为心理专家，了解 VIRTUS 智力残疾分级标准和程序，负责审查本国智力残疾运动员分级材料，确保其符合 VIRTUS 分级标准。

（2）智商测试结果，选取以下国际常用量表之一提交。

① 韦氏智力量表：WISC 韦氏儿童智力量表（6~16 岁）或韦氏成人智力量表（16~90 岁）；

② 斯坦福-比奈量表（2~85 周岁）；

③ 瑞文氏标准推理测验。

（3）适应性行为测试结果，如Vineland适应性行为测试。

（4）18周岁前造成智力损伤的证明材料，包括早期的智商测试报告、教育背景、家族史、医生和学校出具的证明等。

（5）提供心理专家对于上述测试材料的资料真实性的声明和资质证明。

2. VIRTUS 资格审查小组审查材料，并给出意见。

VIRTUS 目前共设三个资格审查小组，其中第一审查小组负责审查一般智力损伤运动员分级申请材料；第二审查小组负责审查智力损伤伴有其他损伤的运动员分级申请材料；第三审查小组负责审查孤独症分级申请材料。

收到材料后，VIRTUS 会组织资格审查小组对材料进行审查，提出反馈和修改意见，并最终给出判定结果。

3. 通过审查的运动员名单将被公示在 VIRTUS Master list 中，并且审查小组会将其交给相关的单项国际残疾人体育组织，运动员获得下一阶段分级资格。根据本项目运动特点未通过审查的运动员不能参加下一阶段分级。

（二）第二阶段：分级

本阶段评定由相关单项国际残疾人体育组织制定分级标准，并组织分级员进行评定，给出运动员的级别和级别状态。田径智力残疾运动员级别为 T/F20，游泳智力残疾运动员级别为 S14SB14SM14，乒乓球智力残疾运动员级别为 TT11。

二、我国目前智力残疾分级工作程序

按照 VIRTUS 和相关国际残疾人体育组织制定的分级规则和程序，在综合我国智商测试和适应性行为测试开展情况的基础上，中国残奥委员会制定了我国智力残疾分级工作程序。

我国智力残疾运动员的分级工作，分为两个阶段完成：

第一阶段：提交材料，审核资格。在比赛报名截止前，由智力残疾运动员所属的注册单位向中国残奥委员会提交以下材料，由主办方审核，合格者获得参加比赛分级的资格。材料包括：

1. 医院出具的智力残疾诊断证明；
2. 该运动员在特殊学校就读的证明；
3. 智商测试材料：WISC 韦氏儿童智力量表（6~16 岁）或韦氏成人智力量表（16~90 岁）；
4. 心理医生的资格证书。

第二阶段：运动功能分级。通过第一阶段审核的运动员，参加运动功能分级。未通过第二阶段测试的运动员，不符合智力残疾运动员参赛标准。